Seneca | Der gute Tod

[Was bedeutet das alles?]

Seneca

Der gute Tod

Ausgewählt und aus dem Lateinischen übersetzt von Gerd König

Reclam

3. Auflage

RECLAMS UNIVERSAL-BIBLIOTHEK Nr. 19460
2017 Philipp Reclam jun. GmbH & Co. KG,
Siemensstraße 32, 71254 Ditzingen
Gestaltung: Cornelia Feyll, Friedrich Forssman
Druck und Bindung: EsserDruck Solutions GmbH,
Untere Sonnenstraße 5, 84030 Ergolding
Printed in Germany 2022
RECLAM, UNIVERSAL-BIBLIOTHEK und
RECLAMS UNIVERSAL-BIBLIOTHEK sind eingetragene Marken
der Philipp Reclam jun. GmbH & Co. KG, Stuttgart
ISBN 978-3-15-019460-7

Auch als E-Book erhältlich

www.reclam.de

Inhalt

Einleitung 7

I. Die Furcht vor dem Tod 19
II. Der Tod als Teil des vorbestimmten Lebenswegs 26
III. Folgerungen für eine gute Lebensgestaltung 41
IV. Der Tod als Befreiung 56
V. Der Lebensabend 63
VI. Suizid und »guter Tod« 72
VII. Der Umgang mit dem Tod Nahestehender 90

Literaturhinweise 95

Einleitung

»Niemand ist derart weltfremd, dass er nicht weiß, dass er irgendwann einmal sterben muss.« Bereits vor 2000 Jahren stellte das Seneca im 77. Brief seiner *Epistulae morales* (*Briefe über die Ethik*) fest, in denen er sich typisch menschlichen Grundgegebenheiten und philosophischen Problemen widmete. Trotz der Einsicht, dass das Sterben von Natur aus zum Leben dazugehört, ist der Tod seit jeher ein großes Tabuthema. Jeder, der einen lieben Menschen verloren hat, weiß, wie schmerzhaft es ist, diesen Verlust zu akzeptieren, und wie lange es dauern kann, bis man die Phase des Trauerns überwunden hat. Doch selbst in solchen Situationen, in denen wir unmittelbar mit dem Tod konfrontiert sind, denken wir meist nur kurzzeitig an unsere eigene Sterblichkeit. Es scheint leichter, den Tod auszublenden, als sich bewusst mit ihm auseinanderzusetzen.

Ganz selbstverständlich legen wir den Fokus unseres täglichen Lebens nur auf das Leben. Hierfür plant man, hierfür nimmt man Kredite auf: Der eine will in zwei, drei Jahren heiraten und seine eigenen vier Wände bauen; der andere träumt von einer Luxusweltreise, sobald in einigen Jahren endlich die Lebensversicherung fällig wird. Man malt sich etwas in den schönsten Farben aus, doch dann kommt alles oft ganz anders, als man denkt. Seneca rät uns, anstatt in ausgiebige Planungen lieber in die Gegenwart zu investieren, denn sie allein können wir beeinflussen. Was dagegen in der Zukunft geschieht, ist reine Spekulation. Manche wiederum leben von Tag zu Tag, wollen noch vieles ausprobieren, sich zigmal umorientieren und geben sich nie mit dem Erreichten zufrieden: Wankelmut ist in Senecas Augen eines der schlimmsten Übel. Denn dem, der stets auf der Suche ist, wird die Lebenszeit niemals reichen. Der Großteil der Menschen nutzt die Zeit nicht so, wie man sie nutzen könnte. Der Gedanke an die eigene Sterblichkeit sollte vielmehr, so Seneca, dauernd präsent gehalten werden und unsere gesamte Lebensgestaltung beeinflussen.

Zumindest über die Lebensgestaltung unmittelbar vor dem Tod machen wir uns heute vermehrt Gedanken: Unsere Selbstbestimmung, unsere Freiheit in der Lebenswahl möchten wir auch im Moment des Sterbens gewährleistet wissen. Das Horrorszenario, ans Bett gefesselt zu sein und leidend vor sich hin zu vegetieren, möchte keiner von uns erleben. Nur zu gut nachzuvollziehen ist der Wunsch, im Ernstfall durch ein wie auch immer geartetes Arrangement eine unnötige Lebensverlängerung zu verhindern, um dann aus dem Leben scheiden zu können, wenn die Zeit reif ist. In Europa wurde in den letzten Jahren mit Nachdruck die Frage danach, was ein »guter Tod« ist, und ob man nicht jedem Menschen einen solchen ermöglichen soll, verhandelt. Deutschland hat sich im Gegensatz zu Belgien oder den Niederlanden gegen die Legalisierung der aktiven Sterbehilfe ausgesprochen, auch wenn die Beihilfe zum Suizid, etwa durch Bereitstellen tödlicher Mittel, für Privatpersonen straffrei ist. Doch selbst wenn man ganz legal die Chance hat, eine Zyankalikapsel zu schlucken, bevor es soweit kommt, stellt sich doch die Frage: wann ist es ›so weit‹? Wenn der Körper definitiv nicht mehr zu retten ist? Beim ersten Anzeichen auf geistigen Verfall? Zu fließend sind die Übergänge. Zu wenig prognostizierbar Krankheitsverläufe. Zu leicht verpasst man den entscheidenden Moment, um dem Leid noch bei völliger Zurechnungsfähigkeit ein Ende setzen zu können.

Auf einigen Internetseiten, auf denen Befürworter der aktiven Sterbehilfe die Rückschrittlichkeit aktueller Gesetze monieren, wird mitunter auf Seneca als fortschrittlichen antiken Denker verwiesen. In der Tat stellt er etwa das Recht eines jeden Menschen auf den Freitod heraus, den man nur vor sich selbst zu rechtfertigen hat. Ein solches Menschenrecht wurde jüngst erst in der Schweiz etabliert. Überblickt man Senecas Gesamtwerk, so wird das Phänomen, das wir heute als aktive Sterbehilfe bezeichnen, nur beiläufig und in aller Kürze behandelt, z. B. in *De ira* (*Über die Wut*), wo ohne moralische Bedenken ganz selbstverständlich davon die Rede ist, dass man als Arzt einem Patienten ohne Hoffnung auf Besserung beim Sterben hilft. Deutlich mehr Interesse zeigt Seneca für den vor der Entscheidung stehenden ›Patienten‹ selbst, der unter gewissen Umständen durchaus den Freitod wählen darf.

Der vorliegende Band möchte die Lesefrüchte, die man aus Senecas Gesamtwerk zum Thema ›Tod‹ sammeln kann, bündeln, strukturieren und sie vor dem philosophischen Gedankengebäude verstehen, das sich Seneca aus verschiedenen Philosophenschulen (d. h. ›eklektisch‹) zusammenstellt und mit eigenen Impulsen anreichert. Die dargebotenen Passagen wurden neu übersetzt. Absichtlich wurde mitunter eine das Textverständnis im Deutschen erleichternde Übertragung gewählt, die beispielsweise Satzteile des Originals umstellt oder typische Füllwörter hinzufügt. Auslassungen sind durch »[…]« gekennzeichnet.

Senecas philosophisches Werk besteht insbesondere aus den sog. *Dialogi* (›Dialogische Schriften‹).* Erst nachträglich wurden hierbei 12 Bücher zu einer Einheit zusammengefügt, die um zwei Themenkomplexe kreisen, nämlich ›Schicksalsbewältigung‹ (wir werden öfter aus *De providentia – Über die Vor-*

* Hierbei handelt es sich nicht um Dialoge im Sinne des Gedankenaustauschs gleichberechtigter Gesprächspartner, die nach Antworten auf philosophische Fragen suchen. Senecas Schriften sind in dem Sinne ›dialogisch‹, als sie zur Verlebendigung einen ungezwungenen Gesprächston anschlagen. Dies geschieht u. a. durch konkrete Bezugnahmen auf den Adressaten oder fiktive Einwände und Kommentierungen, auf die Seneca scheinbar spontan reagiert.

sehung zitieren) und ›Der Mensch auf dem Weg zu seinem persönlichen Glück‹ (man beachte v. a. *De tranquillitate animi – Über die Seelenruhe* und *De brevitate vitae – Über die Kürze des Lebens*). Hinzukommen drei Trostschriften (*consolationes*), besonders diejenige an Marcia*, die um ihren früh verstorbenen Sohn trauert. Als Hauptquelle dienen Senecas ca. 62–64 n. Chr. verfasste 20 Bücher der *Epistulae morales* (*Briefe über Ethik*), bestehend aus 124 Briefen. Seneca schreibt hier seinem ca. zehn Jahre jüngeren, philosophieinteressierten Freund Lucilius. Man geht jedoch davon aus, dass es sich hier nicht um echte Briefe handelt, die den historischen Lucilius in dieser Form erreicht haben, sondern um Kunstbriefe (Lucilius wird von seinem Freund Seneca also als Widmungsträger geehrt). Seneca hat für seine Schriften die Briefform gewählt, um – anders als bei einer wissenschaftlichen Abhandlung – seinen Lesern auf Augenhöhe begegnen, ihnen im Plauderton von Freund zu Freund Tipps geben zu können und dabei die Möglichkeit zu haben, ungeniert persönliche Erfahrungen miteinzubeziehen, ohne philosophische Themen systematisch abhandeln zu müssen. Die Briefe bauen aufeinander auf, wodurch sich eine Art Lehrgang mit spürbar steigendem Schwierigkeitsgrad ergibt.** All die Aspekte der Todesthematik, die für Seneca von besonderem Interesse sind, lassen sich textübergreifend immer wieder finden: So hat z. B. die grundlegende Feststellung, dass der Mensch zu spät an seinen eigenen

* Tochter des unter Kaiser Tiberius (14–37 n. Chr.) vom Prätorianerpräfekten Sejan in den Tod getriebenen Aulus Cremutius Cordus.

** Sicherlich findet die Todesthematik etwa auch in Senecas Tragödien Verarbeitung, diese werden jedoch bewusst ausgeklammert, da in ihnen nicht unmittelbar Einstellungen zum Tod thematisiert werden, sondern Senecas Todesvorstellung eher indirekt in ihre Konzeption miteinfließt, was ein knappes Zitieren einzelner Passagen ohne nähere Interpretation schwierig macht.

Tod denkt, obwohl um ihn herum tagtäglich Leichenzüge durch die Straßen ziehen, sowohl in den *Epistulae morales* und den Trostschriften an Marcia und Polybius als auch in *De tranquillitate animi* ihren Platz.

Bei der Zusammenstellung relevanter Textausschnitte hat man als Herausgeber zwei Möglichkeiten: man könnte einzelne längere Briefe bzw. Buchkapitel in Gänze vorstellen, wodurch man den Text ohne Zerstückelung im (komplexen) Originalkontext wiedergeben kann. Allerdings bietet ein solches Vorgehen keinen schnell verständlichen, geordneten Überblick über Senecas häufigste Aussagen zum Tod. In diesem Band folge ich daher der zweiten Möglichkeit: ich gruppiere entscheidende Passagen zum Tod unter thematischen Überpunkten. Das hat den Vorteil, dass man nicht von vornherein Stellen ausklammern muss, an denen die Todesthematik besonders treffend, aber eben nur in ein oder zwei Absätzen behandelt wird. Denn bei Seneca ist das durchaus der Regelfall: weniger als zehn der *Epistulae morales* sind ausschließlich dem Tod gewidmet und Senecas Schriften zeichnen sich gerade durch ihren Assoziationsreichtum aus. So wird im vorliegenden Band z. B. Senecas 24. Brief nicht als Einheit präsentiert, sondern in wichtige Passagen mit unterschiedlichen inhaltlichen Schwerpunkten aufgespalten. Eine findet sich im Kapitel VI (in »Gegen den Suizid aus bloßem Lebensüberdruss«), eine andere ergänzt in Kapitel II (in »Die Länge des Lebens ist irrelevant«) die Vorstellung, dass jeden Tag ein Teil von uns stirbt, und eine wurde dem Kapitel zur Todesfurcht zugeordnet. Dieses Vorgehen wird jedoch nur in dem Maße betrieben, wie es noch zweckdienlich erscheint: Es sollen ja noch Texte präsentiert werden, keine Kurzzitate; natürlich muss man sich bewusst sein, dass thematische Überlappungen nicht völlig auszuschließen sind und manche Passagen nicht einer einzigen Kategorie zugeordnet werden können.

An den Buchanfang wurde ein Kapitel zur Todesfurcht gesetzt, die den Tod erst zu etwas Schrecklichem macht. Das kommt nicht von ungefähr: Die gesamte antike Philosophie hatte es sich zum Ziel gesetzt, den Menschen bei ihrem Weg zur Glückseligkeit die Grundängste zu nehmen: allen voran die Furcht vor den Göttern und die Furcht vor dem Tod. Die beiden wohl einflussreichsten antiken Philosophenschulen, die Epikurs und die der Stoa, binden den Tod in ein wohldurchdachtes Gesamtkonzept ein. Die Epikureer nehmen an, dass es durch puren Zufall zum Zusammenstoß von Atomen kommt und so das entsteht, was wir ›Leben‹ und ›Welt‹ nennen; und ferner, dass nach dem Tod die Körper schlicht wieder in ihre Einzelteile zerfallen und damit keine ewigen Qualen in der Unterwelt warten können. Die Stoiker, deren Lehre Seneca als Repräsentant der ›Jüngeren Stoa‹ für seine Zwecke weiter ausbaut, gehen von einem Kreis ewigen Werdens und Vergehens aus: Ein Weltenbrand (die sog. Ekpyrosis) tötet alles Irdisch-Körperliche und generiert es neu. Die Seele aber ist unsterblich. Sie hat Anteil am *logos* (»Weltvernunft«), am schicksalshaften Plan, der alle Vorgänge der Welt bestimmt. Der Tod ist damit nur Teil des ewigen Kreislaufs, der unseren Wesenskern, die Seele, gar nicht tangiert: ›Vor dem Tod‹ ist ›nach dem Tod‹ und damit braucht man ihn nicht zu fürchten; er ist nur ein wertneutrales Gut, ein *adiaphoron*. Wann und wie er eintritt, ist irrelevant; ob jemand moralisch gut oder schlecht lebt, hängt nicht damit zusammen, ob er länger oder kürzer lebt. Gleiches gilt etwa für den Umstand, ob man reich ist oder arm, gesund oder krank.

Mit diesem kurzen Exkurs sind wir nunmehr beim zweiten Kapitel angelangt: In den dort zu findenden Passagen wird der Tod mit dem über allem waltenden Schicksal in Verbindung gebracht: Der Tod ist unveränderliche Grundvoraussetzung und wir wissen nicht, wann er eintreten wird.

Anstatt nun aber den Tod zu verdrängen, kommt es der Stoa (und Seneca) darauf an, ihn zusammen mit anderen Schicksalsschlägen, die uns Menschen erwarten (können), ständig gedanklich vorwegzunehmen und sich damit auseinanderzusetzen (*praemeditatio*). Wer dies umsetzt, hat im Ernstfall nicht unter seinen Affekten zu leiden, sondern kann alles, was auch immer geschieht, im Zustand der Gelassenheit (*apatheia*) ertragen. Anders als die ›Ältere Stoa‹, die in ihrem strengen philosophietheoretischen Konstrukt nur zwischen der breiten Masse an Törichten (*moroi*) und dem Weisen (*sophos*) unterscheidet, der sich sittlich perfekt verhält und bei Schockerlebnissen keinerlei Gefühlsregungen zeigt, lässt Seneca durchaus Zwischenstufen zu: Sein Konzept des *prokopton* (»einer, der Fortschritte macht«) wurde merklich von der an der Lebenspraxis orientierten Philosophenschule der Sextier inspiriert, deren Anhänger sich jeden Abend im Rahmen einer Gewissensprüfung die Frage stellten, inwieweit man sich in den vergangenen 24 Stunden zu einem besseren Menschen gemacht hat. Seneca glaubt fest an die Perfektibilität des Menschen und erfüllt ein Stück weit die Rolle eines Therapeuten: Solchen Menschen, die bisher den Tod verdrängt haben, will er zur philosophischen Auseinandersetzung mit diesem Thema bewegen. Viele Überschriften in den einzelnen Kapiteln lassen sich daher auch als Imperative formulieren, da Seneca als weiter vorangeschrittener *prokopton* dem Leser direkt oder indirekt Ratschläge erteilt. In den Textausschnitten des dritten Kapitels fordert er ihn dazu auf, die Lebensdauer gering zu schätzen und mit dem Tod im Hinterkopf der Gegenwart besondere Bedeutung beizumessen.

Die in den Kapiteln IV, V und VI versammelten Passagen lassen Senecas eigene Einstellung zum Tod am stärksten durchschimmern. Zeit seines Lebens hatte er eine spezielle

Affinität zum Tod, was sich einmal biographisch begründen lässt: Seit seiner Kindheit litt Seneca an schwerem Asthma, an Atemnot und Bronchitis. In seinem 54. Brief gibt er ausführlich Auskunft über sein Krankheitsbild; im 78. gibt er offen zu, wie er selbst über Selbstmord nachgedacht und ihn damals nur die Liebe zu seinem Vater davon abgehalten hat. Die Textstellen in Kapitel IV lassen erkennen, dass der Körper für Seneca nicht mehr ist als eine bloße Hülle. Und die ist für die Seele nicht einmal sonderlich adäquat, sondern eher hinderlich. Der Tod wird gedeutet als Befreiung von den irdischen Fesseln und Ungerechtigkeiten, was eindeutig den Einfluss des Philosophen Platon (427–347 v. Chr.) erkennen lässt, von dem etwa das bekannte Diktum stammt: »Der Körper ist das Grab der Seele.«

Andererseits lässt sich Senecas Sensibilität für den Tod auch auf das spezielle Epochengefühl seiner Zeit und seinen Kontakt zum Kaiserhaus zurückführen: Bei ihrem Weg von der Republik hin zur in Senecas Jugend etablierten Erbfolgemonarchie hat die römische Gesellschaft gravierende Veränderungen durchlebt. Anders als in der Republik liegt die politische Macht nunmehr in den Händen Einzelner. Bei den Bürgern stellt sich aufgrund mangelnder Identifikation mit dem Staat sowie fehlender Möglichkeiten, an der Politik teilzuhaben, ein Gefühl der Ernüchterung ein. Auch lässt sich ein sozialer Umbruch verzeichnen, der sich etwa im Auflösen ehemals fester Standesschranken und in den neuen Aufstiegsmöglichkeiten für skrupellose Kapitalisten zeigt. Die Stoa erfährt unter diesen Umständen einen großen Zulauf, da ihre Ethik des Duldens und gelassenen Ertragens widriger Umstände samt ihrem Fokus auf der Suche nach dem persönlichen Glück diesem Epochengefühl entspricht. Seneca selbst erlebt tagtäglich die unangenehmen Folgen des Kaisertums und ist dem Machthunger der führenden Köpfe unmittelbar ausgesetzt. Schon im Jahr 39 n. Chr. zieht Seneca durch seine Fähigkeiten als Anwalt den Neid des Kaisers Caligula auf sich. Nur durch das Zutun einer Mätresse des Kaisers wird er am Leben gelassen: sie argumentiert, Seneca würde aufgrund seines Asthmas ohnehin bald sterben ... Nach Caligulas Tod räumt die dritte Frau des neuen Kaisers (Claudius) ihre Nebenbuhlerinnen aus dem Weg. Die Kaiserschwester Julia Livilla wird verbannt, nachdem man sie des Ehebruchs bezichtigt hat – und zwar mit keinem anderen als Seneca. Erneut in Todesgefahr, wird Seneca zwar durch Claudius verschont, muss jedoch acht Jahre im Exil auf Korsika verbringen. Es sind für ihn die entbehrungsvollsten Jahre seines Lebens, von denen die Trostschriften an seine Mutter Helvia und an Polybius Zeugnis ablegen. In letzterer versucht er zwischen den Zeilen, den einflussreichen kaiserlichen Freigelassenen und Leiter des Referendariats für Bittschriften zur Aufhebung der Verbannung zu bewegen. Als Seneca im Jahr 49 von Claudius' vierter Frau, Agrippina, aus dem Exil geholt wird, geschieht dies aus reinem Kalkül, da Seneca ihr als bester Lehrer für ihren Sohn, den zukünftigen Kaiser Nero, erscheint. Ab 54 n. Chr. kommt Seneca dann gar in den Genuss, als einer der beiden engsten Berater des minderjährigen Nero zu fungieren. Dabei muss er aber die todbringenden Intrigen des Kaiserhauses hautnah miterleben, sei es Neros Schiffbruch-Attentat gegen seine eigene Mutter oder der Brand Roms. Schließlich wird Seneca der vermeintlichen Mitwirkung bei einer Verschwörung gegen den Kaiser angeklagt und muss im Auftrag Neros Selbstmord begehen, was er dem Zeugnis des Historikers Tacitus zufolge ganz ohne Furcht tut. Seneca, dem man zeit seines Lebens vorgeworfen hat, er würde seine philosophischen Lehren nicht in die Tat umsetzen (insbesondere die Irrelevanz des Reichtums betonen, dabei aber seinen Wohlstand in vollen Zügen genießen), erweist sich bei seinem Selbstmord *in praxi* selbst als mustergültiges Beispiel – ganz wie seine Vorbilder Sokrates* und Cato**.

Die Kapitel V und VI wenden die eher allgemeingültigen Grundannahmen aus den vorigen Kapiteln nun auf die situativen Kontexte ›Lebensabend‹ und ›Suizid‹ an. Im längeren Kapitel zum Suizid erkennt man Senecas zweigleisige Argumentation, mal für, mal gegen den Selbstmord, die auch heute nichts von ihrer Aktualität eingebüßt hat. Das Spannungsfeld ergibt sich vor allem daraus, dass Seneca auf der einen Seite der typisch stoischen Leitregel des geduldigen Ertragens des Lebensschicksals zustimmt: Es gilt, die Widrigkeiten, die sich einem in den Weg stellen, zu erdulden und in harten Schicksalsprüfungen nicht zu verzweifeln, sondern in ihnen vielmehr eine Chance zu sehen, selbst an Stärke zu gewinnen. Man soll keinen Selbstmord begehen, solange man anderen Menschen bzw. der Gemeinschaft von Nutzen ist. Auf der anderen Seite steht das Verständnis des Todes als Befreiung und Ausweg, das für Seneca nicht minder wichtig ist: Während für die ›Ältere Stoa‹ der Suizid nur im äußersten Notfall, unter menschenunwürdigen Lebensumständen, erlaubt ist, also dann, wenn man nicht mehr »gemäß der Natur leben« (*secundum naturam vivere*) kann, zeigt sich Seneca dem Suizid gegenüber deutlich

* Philosoph aus Athen (470–399 v. Chr.); aufgrund seiner philosophischen Aufklärungsbemühungen wird er der Verführung der Jugend und der Gotteslästerung angeklagt und zum Suizid durch Gift verurteilt.

** Cato der Jüngere (Marcus Porcius Cato Uticensis, 95–46 v. Chr.); nach dem Sieg Caesars über Pompeius und seine Nachfolger begeht der unbeugsame Verteidiger der republikanischen Werte in Utica (Nordafrika) Selbstmord. Seneca inszeniert ihn des Öfteren als leuchtendes Beispiel für einen heldenhaften Freitod (so als Buchhöhepunkt am Ende von *De providentia*).

gewogener. Natürlich spricht er sich dagegen aus, aus bloßem Lebensekel das Leben zu verlassen, doch betont er die Freiheit jedes Menschen, »aussteigen« zu dürfen: Auch habe die Natur es nicht umsonst so eingerichtet, dass man den Selbstmord leicht durchführen kann. Mitunter wird bei Seneca der Freitod geradezu glorifiziert – was für den heutigen Leser etwas befremdlich wirkt. Man sollte hierin v. a. eine rhetorische Strategie sehen: Anstatt ständig durch rationale Argumente von der Sinnlosigkeit der Todesfurcht überzeugen zu wollen, bedient er sich eindrucksvoller (historischer) Beispiele (*exempla*), die als emotionaler Appell an den Todesmut gedacht sind (eine Auswahl solcher *exempla* gibt es in Kapitel VI, unter »Sehne dir den Tod nicht ununterbrochen herbei«). Senecas Befürwortung des Suizids soll also nicht zuletzt dazu führen, dem Tod keinen Wert beizumessen. Solche *exempla* werden wiederholt eingeflochten: Getreu dem Motto »Man kann nie oft genug sagen, was man nie gut genug lernen kann« (*Epistulae morales* 27,9) ist Seneca daran gelegen, den Rezipienten die zentralen Inhalte in seinen Werken in ständiger Wiederholung vor Augen zu führen. Mit Vorliebe werden auch kurze, einprägsame ›Sentenzen‹ eingestreut, welche die entscheidenden Aussagen in einer Art Merkspruch verdichten (vgl. etwa »Was immer du tust, denke an den Tod«, *Quidquid facies, respice ad mortem*, *Epistulae morales* 114,27). In diese Richtung zielen auch die zahlreichen Stilmittel, wie Antithesen, dreigliedrige Ausdrücke (›Trikola‹) oder Übertreibungen (›Hyperbeln‹). Senecas persönliche Intention, gedankenleitend (›psychagogisch‹) und therapeutisch tätig zu werden, verquickt sich hierbei ferner mit dem rhetorischen Zeitgeschmack des 1. Jahrhunderts n. Chr. Durch das zur Mode gewordene öffentliche Vortragen literarischer Werke (*recitatio*) werden Texte so gestaltet, dass sie sich für eine akustische Rezeptionssituation besonders eignen: Kurze Sätze und bildhafte Ausdrücke sollen das Textverständnis sichern; klingende, ungewöhnliche Wortverbindungen und pathetische Formulierungen sollen die Zuhörer fesseln, die selbst eine fundierte rhetorische Schulbildung genossen haben. Um das nachzuvollziehen, lohnt sich ein Blick ins lateinische Original.

Im letzten Kapitel wird schließlich der Blickwinkel wieder erweitert, wodurch zum einen inhaltlich der Bogen zur Ausgangsthese geschlagen wird, dass wir trotz des Todes eines uns Nahestehenden nicht an den eigenen Tod denken. Zum anderen soll unterstrichen werden, dass die richtige Einstellung zu Leben und Tod nicht nur bei der Auseinandersetzung mit dem eigenen Tod gewinnbringend ist. Die sich aus dem steten Gedanken an den Tod ableitende, richtige Einstellung zu Vergangenheit, Gegenwart und Zukunft bewirkt, dass wir die gemeinsam mit dem Verstorbenen erlebte Vergangenheit als unseren festen Besitz erkennen, woraus wir positive, trostspendende Energie ziehen können. Ans Ende wurde mit Bedacht ein Aufruf Senecas gesetzt, der wohl jeden modernen Leser an seine eigenen Freunde denken lässt: Seneca fordert uns auf, jeden Tag, den wir mit unseren Liebsten verbringen dürfen, so zu genießen, als würde man schon in ein paar Stunden nicht mehr in diesen Genuss kommen. Wer so lebt, wird dann, wenn das Schöne einmal endet, immer sagen können: »Ich habe so viel Schönes erleben dürfen, dafür bin ich dankbar. Das wird mir weder mein eigener Tod noch der meiner Freunde entreißen können.«

I. Die Furcht vor dem Tod

Das Schreckliche am Tod ist die Furcht vor ihm

Epistulae morales 74,3–5:

(3) Aus der Masse an Sterblichen ist nun aber das die größte Gruppe an Unglücklichen, die durch die von allen Seiten drohende Todeserwartung in Unruhe versetzt wird. Es gibt nämlich keinen Ort, von wo sie nicht unbemerkt heranrückt. Deshalb muss man – genauso wie Menschen, die sich auf feindlichem Gebiet befinden – hierhin und dorthin Ausschau halten und den Hals nach jedem Geräusch hin recken; wenn diese Furcht nicht aus der Brust vertrieben ist, verbringt man sein Leben mit einem Herz, das in der Brust hämmert.

(4) [...] Wenn man es mit [...] gewaltsamen Ereignissen zu tun hat, überwältigt den einen das Unglück als solches, die anderen die Furcht davor. Der Gedanke, es erleiden zu können, ruft die gleiche Betroffenheit hervor wie bei denen, die es tatsächlich erlitten haben.

(5) Jeder Mensch wird durch plötzliche und mit einem selbst nur indirekt verbundene Unglücksfälle beunruhigt. Genauso wie Vögel gar das Zischen einer leeren Schleuder aufschrecken lässt, werden wir nicht nur bei einem uns treffenden Schlag in Unruhe versetzt, sondern auch schon, wenn sich ein Geräusch nach einem Schlag anhört. Keiner kann also glücklich sein, der auf ein vages Bauchgefühl vertraut. Denn die Begriffe ›glücklich‹ und ›unerschütterlich‹ gehen miteinander einher. Unter Lebensumständen, die einem verdächtig sind, lebt es sich schlecht.

Epistulae morales 78,5:

[...] Miss dem Tod keinerlei Wert bei! Nichts ist betrüblich, wenn wir der Furcht vor ihm entkommen sind.

Sich auf den Tod vorbereiten und die Todesfurcht abbauen: ein lebenslanger Prozess

De brevitate vitae 7,3–4:

(3) [...] Lehrer für andere Wissensbereiche finden sich wie Sand am Meer. In der Tat haben, wie es scheint, bereits Kinder einige Bereiche derart durchdrungen, dass sie selbst schon andere darüber belehren können. Zu leben muss man aber das ganze Leben lang lernen und – worüber du vielleicht noch mehr in Staunen gerätst – das ganze Leben muss man lernen zu sterben.

(4) So viele herausragende Männer haben auf Reichtum, Verpflichtungen und Vergnügungen verzichtet und so alle Lebenshindernisse hinter sich gelassen. Sie haben bis ans Ende ihres Lebens dieses eine Ziel angestrebt: sich darauf zu verstehen, richtig zu leben. Die Mehrzahl von ihnen ging jedoch mit dem Geständnis aus dem Leben, dass sie diese Materie noch nicht durchdrungen haben. Schon gleich gar keinen Durchblick haben diejenigen, die keine Zeit auf die Philosophie verwenden.

Epistulae morales 26,8–9:

(8) [...] Derweil wird mir Epikur mit einem Ausspruch einen Gefallen erweisen: Er sagt: »Mach dir Gedanken über den Tod!« Vielleicht wird uns der Gedankengang in folgender For-

mulierung besser verständlich: »Es ist eine großartige Sache, den Tod zu erlernen.«

(9) Du bist womöglich der Meinung, dass es überflüssig sei, das zu erlernen, was man nur ein einziges Mal anwenden muss. Genau das ist aber der Grund, aus dem wir an ihn denken müssen: ununterbrochen muss man das Sterben lernen: denn wir können ja nie in Erfahrung bringen, ob wir uns schon darauf verstehen.

Gerüchte und vage Vorstellungen machen die Bekämpfung der Todesfurcht so schwer …

Epistulae morales 82,15–16:

(15) […] Der Tod ist nämlich nicht so gleichgültig wie die Frage, ob du eine gerade oder ungerade Anzahl an Haaren auf dem Kopf hast: der Tod ist zu den Dingen zu rechnen, die zwar keine Übel sind, aber doch wie welche aussehen: die Selbstliebe und der Wille, um jeden Preis am Leben zu bleiben, sowie der Unwille sich aufzulösen, sind angeboren, weil wir den Eindruck haben, dass uns der Tod viele Güter entreißt und uns von der Fülle an Dingen, an die wir uns gewöhnt haben, wegholt. Auch dieser Umstand lässt uns den Tod fremd erscheinen, dass wir die Dinge im Hier und Jetzt schon kennen, aber nicht wissen, wie es dort ist, wohin wir bald gehen werden, und weil es uns generell vor Unbekanntem graut. Ganz natürlich ist außerdem die Furcht vor der Dunkelheit, in die uns der Tod – so die landläufige Meinung – führen wird.

(16) Daher kann man den Tod, obwohl er eigentlich gleichgültig ist, nicht einfach ausblenden: Mit viel Übung muss man seinen Geist abhärten, damit man den Anblick und das Herannahen des Todes ertragen kann. Man muss ihm noch weniger

Wert beimessen als man es gemeinhin tut. Denn viele Erzählungen über ihn haben sich in unseren Köpfen festgesetzt; der Wettstreit vieler kreativer Köpfe hat dazu beigetragen, dass sein schlechter Ruf stets gewachsen ist. Man hat ihn beschrieben als unterirdisches Gefängnis, als eine in ewige Nacht getauchte Gegend, wo »der ungeheuer große Türhüter des Orkus* – über halb abgefressenen Knochen in einer blutverschmierten Höhle liegend und ewig bellend – die blutleeren Schatten erschreckt.« Auch wenn Du überzeugt bist, dass das alles Märchen sind und den Verstorbenen nichts bleibt, was sie zu fürchten hätten, kriecht doch eine andere Furcht in den Menschen hoch: sie haben nämlich genauso viel Angst davor, bei den Unterirdischen zu sein, wie nirgends zu sein.

Epistulae morales 24,12–14:

(12) [...] Denke vor allem daran, den Dingen ihr aufwühlendes Moment zu nehmen und zu sehen, was den Kern jeder Sache ausmacht: Du wirst verstehen, dass an diesen Dingen nichts Schreckliches ist – abgesehen von der Furcht vor ihnen.

(13) Was, wie du siehst, kleinen Buben passiert, das geschieht auch uns etwas größeren Buben: Wenn sie diejenigen, die sie lieben, an die sie sich gewöhnt haben und mit denen sie spielen, mit einer Maske auf dem Gesicht sehen, geraten sie auf einmal in Furcht. Nicht nur den Menschen, sondern auch den Dingen muss man ihre Maske abnehmen und ihr wahres Gesicht zurückgeben.

* Gemeint ist der den Eingang zur Unterwelt bewachende, dreiköpfige Kerberos. Seneca zitiert hier (wie öfter in den *Epistulae morales*) aus Vergils (70–19 v. Chr.) *Aeneis*, dem Nationalepos der Römer: Verg. Aen. 6,400–401; 8,296.

(14) Warum zeigst du mir Schwerter und Feuersbrünste und eine Schar an Henkern, die um dich herum lärmt? Weg mit diesem Aufzug, hinter dem du dich versteckst und mit dem du die Leichtgläubigen erschrickst: Du bist der Tod, dem vor Kurzem mein Sklave, dem vor Kurzem meine Amme so wenig Wert beigemessen haben. Warum breitest du schon wieder Peitschen und hölzerne Folterpferde mit viel Aufwand vor meinen Augen aus? Warum einzelne, für das Ausrenken bestimmter Gelenke perfektionierte Folterwerkzeuge und tausend andere Gerätschaften, mit denen man Menschen stückchenweise martern kann? Leg all das ab, was uns derart betäubt. Lass verhallen das Klagegeschrei, die gellenden Ausrufe und die durch Mark und Bein gehenden Stimmen derer, die gerade zerfleischt werden. Du bist nichts als der Schmerz, den dieser Gichtkranke überwunden hat, den jener Magenkranke beim Schlemmen erträgt, oder dem eine junge Frau bei der Geburt ihres Kindes wacker standhält. Du bist leicht, wenn ich dich aushalten kann; du bist kurz, wenn ich dich nicht aushalten kann.

Epistulae morales 91,18–21:

(18) Stell dir vor, dass die Natur so zu dir spricht: »Worüber du dich beschwerst, ist für alle gleich; ich kann keinem ein leichteres Los zuteilen, aber jeder kann es sich selbst leichter machen, wenn er will.« Wie nur?! Durch Gelassenheit. Es ist ein Naturgesetz, dass du Schmerz empfinden musst, dass du Durst und Hunger leidest, alt und faltig wirst (zumindest dann, wenn du länger unter den Menschen verweilst), dass du krank wirst, gar viel verlierst und schließlich zugrunde gehst.

(19) Trotzdem braucht man diesen Leuten da nicht zu glauben, die rings um dich herum lamentieren: Nichts des eben Genannten ist ein Übel, nichts unerträglich oder hart. Ihre Furcht beruht auf einem Stereotyp. So fürchtest du den Tod wie ein

dummes Gerücht. Wer aber ist dümmer als einer, der sich vor leeren Worthülsen fürchtet? Unser Freund Demetrius* trifft mit seinem Lieblingsspruch den Nagel auf den Kopf: Er sagt, dass die heiße Luft, die Leute von sich geben, die von nichts eine Ahnung haben, für ihn an dieselbe Stelle gehört wie die Geräusche, die der Bauch entweichen lässt. »Was interessiert es mich«, sagt er, »ob sie oben oder unten Töne von sich geben?«

(20) Es ist doch völlig wahnsinnig, sich davor zu fürchten, von Leuten mit schlechtem Ruf in Verruf gebracht zu werden. Ganz so wie du dich schon einmal völlig unbegründet vor einem Gerücht gefürchtet hast, so brauchst du dich auch nicht vor diesen Äußerungen zu fürchten, die du niemals fürchten würdest, wenn es nicht ein Gerücht befohlen hätte. Denn was für einen Schaden sollte ein ehrenwerter Mann nehmen, wenn er ungerechtfertigtem Tratsch ausgesetzt ist?

(21) Nicht einmal für den Tod soll sich dies bei uns Stoikern nachteilig auswirken: auch er hat einen schlechten Ruf. Keiner von denen, die ihn diffamieren, hat je einschlägige Erfahrungen gesammelt: dabei zeugt es von Oberflächlichkeit, etwas zu verurteilen, was man nicht kennt. [...]

Wann fürchtet sich der Mensch vor dem Tod?

Epistulae morales 30,16–17:

(16) Er** betonte, dass wir selbst daran schuld seien, wenn wir den Tod als Qual erlebten; weil wir immer dann zittern, wenn wir den Tod in unserer Nähe glauben. Wem ist er nicht

* Ein kynischer Philosoph aus Korinth.

** Seneca lässt seinen Zeitgenossen Aufidius Bassus (Historiker, Anhänger Epikurs und äußerst abgeklärt im hohen Alter) als Sprecher auftreten.

nah? Er ist überall und jederzeit zur Stelle. »Aber lass uns dies bedenken«, sagte er. »Immer dann, wenn scheinbar irgendeine Todesursache anrückt, um wie viel näher sind da andere Todesursachen, vor denen man in diesem Moment keine Angst hat.«

(17) Einem hatte sein Erzfeind immer wieder den Tod angedroht, doch ihm kam eine Magenkrankheit zuvor. Wenn wir die Gründe unserer Angst unterscheiden wollen, werden wir herausfinden, dass die einen wirklich existieren, die anderen nur in unserer Einbildung. Nicht den Tod fürchten wir, sondern den Gedanken an ihn. Von ihm selbst sind wir nämlich immer gleich weit entfernt. Wenn man den Tod fürchten muss, muss man ihn ununterbrochen fürchten: Denn welcher Zeitpunkt ist von ihm ausgenommen?

De brevitate vitae 8,2:

Jahresgehälter und Geldprämien bekommt man gern. Darauf verwendet man all seine Mühe, Arbeit und Sorgfalt. Niemand weiß die Zeit zu schätzen; die Leute benutzen sie einfach, ganz larifari, als wäre sie umsonst. Aber schau dir dieselben Leute an, wie sie – wenn sie krank sind und das Risiko zu sterben steigt – die Knie der Ärzte umfassen, wie sie – wenn sie den Todesstoß fürchten – auf einmal bereit sind, all ihr Vermögen aufzuwenden, nur um zu leben. Solche Stimmungsschwankungen bewirken Affekte.

II. Der Tod als Teil des vorbestimmten Lebenswegs

Der Tod wartet überall!

Epistulae morales 49,10–11:

(10) [...] Sag mir, wenn ich gerade dabei bin einzuschlafen: »Es ist gut möglich, dass du nicht mehr aufwachst«; sag mir, wenn ich aufgewacht bin: »Es ist gut möglich, dass du den Schlaf nicht mehr fortsetzt.« Sag mir, wenn ich das Haus verlasse: »Es ist gut möglich, dass du nicht mehr zurückkehrst«; sag mir, wenn ich zurückkehre: »Es ist gut möglich, dass du nicht nochmal das Haus verlässt.«

(11) Du gehst falsch in der Annahme, dass nur bei einer Schifffahrt den Tod ganz wenig vom Leben trennt. Überall ist der Abstand gleich winzig. Nicht überall zeigt sich der Tod so nah, doch überall ist er es. Zerreiße diesen dunklen Schleier, dann wirst du leichter das vermitteln, worauf ich vorbereitet bin. Lernwillig hat uns die Natur hervorgebracht, und sie hat uns eine noch unvollendete Vernunft mit auf den Weg gegeben, die jedoch vollendet werden kann.

Ad Marciam de consolatione 9,1–3:

(1) »Woher kommt es denn nur, dass wir eine solche Hartnäckigkeit zeigen, wenn es darum geht, uns selbst zu bedauern, wenn das nicht von Natur aus geschieht?« Weil wir uns nichts Schlimmes vorstellen, bevor es geschieht, sondern wir uns – als blieben wir selbst von allem unberührt und hätten einen ruhigeren Lebensweg eingeschlagen als andere – nicht

durch fremdes Unglück in Erinnerung rufen lassen, dass solche Schicksalsschläge alle treffen können.

(2) So viele Leichenzüge ziehen an unserem Haus vorbei: über den Tod machen wir uns keine Gedanken. So vielen verfrühten Beerdigungen müssen wir beiwohnen: wir kümmern uns in Gedanken weiter darum, wie unseren kleinen Kindern mal die Toga* angelegt wird, um ihren bevorstehenden Kriegsdienst und ihre Übernahme des väterlichen Erbes. Die plötzliche Armut so vieler Reicher sehen wir mit an: und uns kommt niemals in den Sinn, dass unser Vermögen genauso auf wackligen Beinen steht. Bei dieser Lebensweise ist es unvermeidlich, dass wir umso härter fallen, da wir wie aus dem Nichts völlig unvorbereitet getroffen werden. Alles, was man deutlich früher vorhergesehen hat, kommt langsamer auf einen zu.

(3) Du willst verstehen, dass du jeder Art von Schlag ausgesetzt bist und dass die Geschosse, die sich in andere gebohrt haben, nur knapp an dir vorbeigeschrammt sind? Sei auf die Wunde gefasst wie einer, der nahezu unbewaffnet gegen eine Stadtmauer oder einen hochgelegenen, von vielen Feinden belagerten Platz anrennt. Gehe davon aus, dass die von oben herabgeschleuderten Steine, Pfeile und Lanzen gegen deinen Körper geschleudert worden sind. Sooft irgendeiner neben oder hinter dir zu Boden fällt, schreie: »Du kannst mich nicht täuschen, Schicksal, mit mir hast du keinen unbekümmerten Naivling vor dir, den du einfach so niederringen kannst. Ich weiß, was du im Schilde führst: zwar hast du einen anderen durchbohrt, aber eigentlich wolltest du mich treffen!«

* Ab dem 16. Geburtstag durften römische Jugendliche in der Regel das Kleidungsstück der Erwachsenen tragen: eine rein weiße Toga (*toga virilis*).

Der Tod ist beschlossene Sache!

Epistulae morales 77,11–13:

(11) Niemand ist derart weltfremd, dass er nicht weiß, dass er irgendwann sterben muss. Und doch krümmt er sich, zittert und heult, sobald der Tod nahegekommen ist. Kommt dir der nicht wie der größte Dummkopf überhaupt vor, der darüber Tränen vergießt, dass er vor tausend Jahren noch nicht gelebt hat? Genauso dumm ist derjenige, der weint, weil er in tausend Jahren nicht mehr leben wird. Beides ist gleich: Du wirst nicht in der Zukunft leben und auch nicht in der Vergangenheit; beide Zeiträume gehören Dir nicht.

(12) In den jetzigen Zeitpunkt bist du versetzt worden und auch wenn du ihn ein bisschen verlängern kannst, um wie viel wirst du ihn verlängern können? Was weinst du? Was erflehst du? Du vergeudest deine Mühe. »Hör auf darauf zu hoffen, dass das Schicksal sich durch Gebete an die Götter verändern lässt.« [vgl. Verg. Aen. 6,376.] Das Schicksal ist beschlossene Sache und wird von einer größeren, ewigen Macht gelenkt. Du wirst dorthin gehen, wohin alles geht. Was ist daran so neu für dich? Unter diesem Gesetz bist du geboren worden. Das ist deinem Vater zugestoßen, auch deiner Mutter, deinen Vorfahren, allen vor dir, und wird auch allen nach dir zustoßen. Eine bisher unbesiegte und auch in Zukunft durch keine Macht der Welt veränderliche Abfolge hat alles an sich gebunden und zieht es im Schlepptau hinter sich her.

(13) Was für eine große Menge künftig Sterbender wird dir nachfolgen, wie viele werden dich begleiten! Ich nehme an, du würdest tapferer sein, wenn viele tausend zusammen mit dir sterben würden; aber rufe dir in Erinnerung, wie viele tausend Menschen und Tiere in just diesem Augenblick, in dem du zu sterben zögerst, ihre Seele auf unterschiedliche Art aushauchen.

Du aber wolltest nicht glauben, dass du irgendwann einmal dorthin gelangen würdest, wohin du stets unterwegs warst? Es gibt keine Reise ohne Ende.

De tranquillitate animi 11,1–7:

(1) An solche Leute, die noch nicht sittlich vollkommen sind, sondern mittelmäßig und nur ansatzweise auf dem Weg der Besserung, richtet sich jetzt meine Rede, nicht an den Weisen. Der Weise muss nicht furchtsam und tastend beim Spazieren einen Schritt vor den anderen setzen: denn sein Vertrauen in sich ist derart groß, dass er nicht zögert, dem Schicksal entgegenzugehen; so groß, dass er niemals vor ihm zurückweichen wird. Es gibt keinen Angriffspunkt, wo er das Schicksal fürchten müsste, weil er nicht nur seine Sklaven, sein Hab und Gut und seine soziale Stellung zu den unsicheren Dingen rechnet, sondern auch seinen eigenen Körper, seine Augen, seine Hände und alles, was das Leben lebenswerter macht – und zuletzt auch sich selbst. Und weil er lebt, als sei er sich selbst nur geliehen worden, und als würde er alles ganz ohne Trauer denen, die es zurückfordern, zurückgeben.

(2) Und dennoch sieht er sich nicht als wertlos an, weil er weiß, dass er sich nicht selbst gehört; sondern er wird alles mit Sorgfalt und Bedacht so behandeln, wie sich für gewöhnlich ein gottesfürchtiger, pflichtbewusster Mensch um Dinge kümmert, die man ihm anvertraut hat. Wenn man einem pflichtbewussten Mann nun aber den Auftrag erteilt, all das zurückzugeben, wird er nicht mit dem Schicksal hadern, sondern sagen: »Dank dir für das, was ich besessen habe und worüber ich verfügen durfte.

(3) Ich habe zwar deine Wertsachen mit großem Zugewinn verwaltet, aber jetzt, wo du mich dazu aufforderst, gebe ich sie dir zurück und lasse dankbar und gern von ihnen ab. Wenn du willst, dass ich auch jetzt noch etwas von dir behalte, werde ich

das für dich verwahren; wenn dein Beschluss anders ausfällt, gebe ich dir aber die Silbergegenstände und Silbermünzen, mein Haus und meine Familie zurück und stelle die Ausgangssituation wieder her.« Genauso hat uns die Natur, die uns zuvor etwas anvertraut hat, nun zur Rückgabe aufgerufen; und wir werden ihr sagen: »Hier hast du meine Seele! Sie ist sogar in noch besserem Zustand als damals, als du sie mir gegeben hast; ich werde jetzt keine Ausreden suchen oder schnell wegrennen. Das, was du mir seinerzeit unbemerkt gegeben hast, gebe ich jetzt freiwillig wieder her. Es liegt zur Rückgabe bereit. Du sollst es haben.«

(4) Was ist schwer daran, dorthin zurückzukehren, von wo du gekommen bist? All diejenigen leben schlecht, die nicht gut zu sterben wissen. Dem Leben muss man daher zuerst einmal den Wert aberkennen und den Lebensatem zu den wertneutralen Dingen rechnen. Wir hassen Gladiatoren, wenn sie, wie Cicero meint, um jeden Preis durch Bitten am Leben bleiben wollen; gut finden wir die, die mit geschwellter Brust die Geringschätzung des Lebens ausstrahlen. Sei dir darüber im Klaren, dass uns dasselbe passiert: oft nämlich ist der Grund, dass wir sterben müssen, unsere ängstliche Art zu sterben.

(5) Das Schicksal, das zu seiner eigenen Unterhaltung Gladiatorenspiele veranstaltet, spricht so: »Wofür soll ich dich aufsparen, du schlecht kämpfende, vor Furcht zitternde Kreatur? Ha! Umso tiefere Wunden wird man dir zufügen und überall am Körper werden dir spitze Gegenstände in die Haut gebohrt, weil du es nicht schaffst, deine Kehle hinzuhalten!« Vielmehr wirst du sowohl länger leben als auch leichter sterben, wenn du die Klinge nicht mit eingezogenem Kopf und vorgeschobenen Händen, sondern voller Mut erträgst.

(6) Wer Angst vor dem Tod hat, wird nie irgendetwas so machen wie ein Mensch, der wirklich lebt. Wer dagegen weiß, dass ihm der Tod gleich bei seiner Zeugung mit auf den Weg

gegeben wurde, wird mit Blick auf diese Grundregel leben und mit derselben Seelenstärke auch erreichen, dass kein Ereignis unerwartet eintritt. Dadurch dass er nämlich alles, was geschehen kann, vorhersieht, als würde es unmittelbar bevorstehen, wird er die Kraft aller Schicksalsschläge dämpfen. Die Menschen, die auf sie vorbereitet sind und sie erwarten, überraschen sie nicht durch ihre Neuartigkeit, sondern sie treffen mit voller Wucht die Menschen, die sich sorglos glauben und nur das aktuelle Glück im Blick haben.

(7) Die Rede ist von Krankheit, Gefangenschaft, Zerstörung oder Feuer, wovon nichts unerwartet kommt. Ich wusste immer, in was für eine beunruhigende Wohngemeinschaft mich die Natur hat einziehen lassen. So oft schon hat man in meiner Nachbarschaft laut aufgeschrien; so oft führten verfrühte Leichenzüge mit Fackeln und Kerzen an ihrer Spitze vorbei. Oft schon hat ein einstürzendes Gebäude seitlich neben uns ordentlich Lärm gemacht. Viele Leute, die mir der Marktplatz, das Rathaus oder ein gemeinsames Gespräch nahegebracht hatten, hat eine einzige Nacht weggenommen und so die innig ineinandergreifenden Hände der Freunde auseinandergerissen. Sollte ich mich wundern, dass irgendwann einmal die Gefahren zu mir gekommen sind, wo sie doch immer schon um mich herum präsent waren? Groß ist die Zahl der Menschen, die vor einer Seereise nicht über einen Sturm nachdenken.

De providentia 5,7–8:

(7) Das Schicksal lenkt uns und die Geburtsstunde hat schon festgelegt, wie viel einem jeden an Zeit verbleibt. Eine Ursache hängt von der nächsten ab, Privates ergibt sich wie Öffentliches aus dem langen, geordneten Lauf der Dinge: daher muss man tapfer alles ertragen, weil sich alles – entgegen unserer Meinung – nicht zufällig zuträgt, sondern strukturiert nach-

einander kommt. Vor Langem ist festgesetzt worden, worüber du dich freuen, worüber du weinen sollst; auch wenn sich das Leben jedes Einzelnen scheinbar durch eine große Vielfalt auszeichnet, mündet es schlussendlich doch in eins: wir in unserer Sterblichkeit erhalten Dinge, die – genauso wie wir – dem Tod zum Opfer fallen.

(8) Was also regen wir uns auf? Was jammern wir herum? Wir sind darauf vorbereitet worden. Die Natur soll ihre Körper ruhig so benutzen, wie sie will: Wir wollen bei allem fröhlich und tapfer daran denken, dass nichts von unserem Eigentum dabei verloren geht. Was zeichnet einen guten Mann aus? Sich unter das Schicksal zu stellen. Schließlich ist es ein großer Trost, zusammen mit dem Lauf des Alls fortgerissen zu werden. Was auch immer es sein mag, was uns auferlegt, auf diese oder jene Weise zu leben und zu sterben, bindet mit derselben Notwendigkeit auch die Götter an sich. Nicht anhalten lässt sich dieser Lauf, der menschliche und göttliche Angelegenheiten gleichermaßen vorantreibt: ja sogar der Begründer und Lenker aller Dinge selbst hat zwar gewiss den Schicksalsverlauf zuvor niedergeschrieben, doch auch er folgt ihm; immerfort gehorcht er ihm, einmal nur hat er ihn bestimmt.

Leben und Tod – ein ewiger Kreis

Epistulae morales 71,13–16:

(13) Alles läuft zu festen Zeiten ab: alles muss entstehen, wachsen und wieder vergehen. Alles, was du oberhalb von uns schnell vorbeiziehen siehst und all das, auf dem wir stehen, als wäre es das Festeste überhaupt, wird mitgerissen werden und aufhören zu sein; absolut jede irdische Sache hat irgendwann ihren Lebensabend. Die Natur lässt sie nur nicht regelmäßig

und in gleichen Abständen ans selbe Ziel gehen. Alles, was im Moment besteht, wird in Zukunft nicht bestehen: aber es wird nicht vernichtet, sondern nur aufgelöst werden.

(14) Für uns bedeutet ›aufgelöst werden‹ und ›vernichtet werden‹ ein und dasselbe. Wir schauen nämlich immer nur auf das Nächste, das weiter Entfernte kann der menschliche Verstand in seiner Verblendung nicht voraussehen, weil er sich dem Körper angeschlossen hat. Er würde sein Lebensende und das der ihm Nahestehenden tapferer ertragen, wenn er darauf hoffen könnte, dass – wie alles Irdische – so auch Leben und Tod in ewigem Wechsel kommen, dass abwechselnd das Zusammengesetzte aufgelöst wird und das Zerlegte wieder zusammengefügt wird, und dass darin die ewige Kunstfertigkeit des allmächtigen Gottes besteht.

(15) Und so wird Marcus Cato* sagen, wenn er im Geiste sein Leben durchgegangen ist: »Die ganze Menschheit (die, die momentan lebt, und die, die erst noch leben wird) ist zum Tode verurteilt. Bei sämtlichen Städten, die irgendwann den Gipfel der Macht erreichen und die großen Schmuckstücke fremder Reiche sind, wird man irgendwann die Frage stellen, wo sie denn eigentlich gestanden haben; sie werden auf unterschiedlichste Weise vernichtet werden: Kriege werden die einen dem Erdboden gleichmachen, die anderen werden Untätigkeit und Trägheit, die sich aus langer Friedenszeit ergeben, zu ihrem Ende führen und insbesondere auch die Verschwendungssucht, die großen Reichtum schnell aufbraucht. All die ertragreichen Äcker wird eine plötzliche Überschwemmung unter sich begraben oder ein unerwarteter Erdrutsch in den Abgrund befördern. Warum sollte ich mich aufregen oder vor Schmerz aufstöhnen, wenn ich einen kleinen Augenblick früher diesen vom Schicksal vorgeschriebenen Weg gehe, der alle erwartet?«

* Vgl. Anm. auf S. 16.

(16) Ein großer Geist soll Gott gehorchen und all dem, was das Gesetz des Universums vorschreibt, duldend und ohne Zögern Folge leisten. Entweder wird er in ein besseres Leben entlassen und mit klarerem Blick und gelassener inmitten des Göttlichen verweilen; oder es wird für ihn gewiss kein Nachteil sein, wenn er erneut mit der Natur vermischt werden und in den ewigen Kreislauf zurückkehren wird.

Epistulae morales 36,7–12:

(7) Wäre es im Partherland geboren worden, würde ein Kleinkind sofort einen Bogen spannen. Wenn er in Germanien geboren wäre, würde der Knabe einen zierlichen Wurfspieß schleudern; wenn er zur Zeit unserer Vorfahren geboren wäre, hätte er gelernt zu reiten und den Feind im Nahkampf zu durchbohren. So rät und befiehlt es jedem Einzelnen die jeweilige Volkstradition.

(8) Worauf muss sich der Mensch also immer vorbereiten? Auf das, was gegen Geschosse jeglicher Art perfekt wirkt, auf das, was gegen jede erdenkliche Art von Feind das beste Mittel ist: nämlich dem Tod keinen Wert beizumessen, der – woran niemand zweifelt – etwas Schreckliches an sich hat und uns missfällt, zumal wir von Natur aus mit Liebe zu uns selbst ausgestattet sind. Denn es wäre unnötig, sich auf das vorzubereiten und das einzuüben, worauf wir aus ureigenem Instinkt heraus zugehen, so wie uns alle unser Selbsterhaltungstrieb motiviert.

(9) Keiner muss lernen, im Ernstfall entspannt auf Rosen gebettet zu sein, sondern man härtet sich ab, um auf der Folterbank nicht sein Wort zu brechen, um im Ernstfall vor dem Lagerwall im Stehen (irgendwann vielleicht gar einmal verwundet) ununterbrochen Nachtwache zu halten, und sich dabei nicht einmal auf seinen Speer zu stützen, weil denjenigen,

die sich auf etwas abstützen, für gewöhnlich unbemerkt der Schlaf in die Glieder fährt. Der Tod hat nichts Nachteiliges an sich; denn dann müsste es ja etwas geben, worauf er sich nachteilig auswirkt.

(10) Was ist nun aber, wenn dich das unbändige Verlangen nach einem längeren Leben im Griff hat? Denke immer daran, dass nichts von dem, was aus unserem Sichtfeld verschwindet und sich wieder in die Natur verzieht, aus der es hervorgegangen ist und aus der es auch bald wieder hervorkommen wird, wirklich vernichtet wird. Es hört auf zu sein, aber es ist nicht völlig weg – und der Tod, vor dem wir derart zittern, vor dem wir uns sträuben, unterbricht das Leben und reißt es nicht für immer hinfort. Es wird wieder ein Tag kommen, der uns ans Licht bringt. Und viele von uns würden sich dann genauso vor ihm sträuben, wenn der Tag, der uns zurückbringt, nicht zuvor sämtliche Erinnerungen ausgelöscht hätte.

(11) Aber in einem späteren Brief werde ich dir noch erklären, dass alles, was wir sterben sehen, nur verändert wird. Mit Gelassenheit muss einer aus dem Leben gehen, da er ja wieder zurückkehren wird. Beobachte den Kreislauf der Dinge, die zu sich selbst zurückkehren: Du wirst erkennen, dass nichts in diesem Universum ausgelöscht wird, sondern in ewigem Wechsel absteigt und aufsteigt: Der Sommer ist vorbei: das kommende Jahr wird ihn wiederbringen. Der Winter ist weg: die für ihn typischen Monate werden ihn zurückkommen lassen. Die Sonne hat die Nacht bedeckt: schon wird sie es sein, die das Tageslicht vertreibt. Der dir bekannte Lauf der Sterne lässt alles, was vorbeigelaufen ist, wieder vorbeilaufen. Ein Teil des Himmels befindet sich in ständiger Bewegung nach oben, ein Teil in ständiger Bewegung nach unten.

(12) Nun endlich komme ich zum Ende, aber lass mich noch das eine hier anfügen: weder Babys, noch Kinder, noch Geis-

teskranke fürchten sich vor dem Tod. Mehr als nur schrecklich wäre es, wenn uns unsere Vernunft nicht dieselbe Sorgenfreiheit garantieren könnte, über die dumme Leute verfügen. […]

Der Tod: das einzig Verlässliche im Chaos des Lebens

Epistulae morales 99,8–9:

(8) Weint jemand angesichts eines Ereignisses, von dem er wusste, dass es demnächst eintreten wird? Wenn er beim Menschen nicht an den Tod gedacht hat, hat er sich selbst ordentlich an der Nase herumgeführt! Weint jemand angesichts eines Ereignisses, von dem er öfter sagte, dass durchaus die Möglichkeit besteht, dass es eintritt? Wer sich darüber beklagt, dass jemand gestorben ist, klagt darüber, dass dieser Jemand ein Mensch gewesen ist. Alle Menschen fesselt dieselbe Grundbedingung: Wer geboren wurde, muss auch sterben.

(9) Wir unterscheiden uns mit Blick auf die Länge unseres Lebens, wir sind gleich, was dessen Ende angeht. Der Zeitraum zwischen dem ersten und dem letzten Tag kann ganz verschieden ausfallen und ist ungewiss: wenn du vom Grad der Lästigkeit ausgehst, ist es selbst für einen kleinen Jungen ein langer Zeitraum. Wenn du seinen schnellen Ablauf betrachtest, ist es sogar für einen alten Greis ein beschränkter Zeitraum. Alles kann sich von einem Moment zum nächsten verändern, ist trügerisch und kann leichter umschlagen als jedes Wetter. Alles wird hin- und hergewendet und schlägt spontan in sein Gegenteil um, wenn es das Schicksal so will; in der Achterbahn des Lebens ist nichts sicher – abgesehen vom Tod. Und doch beschweren wir uns alle über ihn, obwohl von ihm allein niemand hinters Licht geführt wird.

Epistulae morales 30,10–11:

(10) [...] Er* meint, dass derjenige, der den Tod fürchtet, genauso dumm sei, wie derjenige, der das Greisenalter fürchtet. Denn wie auf die Jugend das Alter folgt, folgt auf das Alter der Tod. Nicht leben wollte, wer nicht sterben will. Unser Leben ist uns nämlich mit der Einschränkung des Todes gegeben worden; und auf den gehen wir zu. Den Tod so sehr zu fürchten ist Zeichen von Dummheit, weil man auf Sicheres wartet und vor Zweifelhaftem Angst hat.

(11) Der Tod verfügt über eine faire und nicht außer Kraft zu setzende Notwendigkeit: wer kann sich beklagen, dass er sich in derselben Lage befindet, in der sich auch alle anderen befinden? Der wichtigste Teil der Gerechtigkeit ist die Gleichheit. [...]

Epistulae morales 66,42–43:

(42) Der eine ist als junger, der andere als alter Mann aus dem Leben geschieden, ein dritter urplötzlich als Kleinkind, dem nichts anderes vergönnt war, als das Leben aus der Ferne zu sehen. Sie alle waren gleichermaßen sterblich, auch wenn der Tod bei den einen es erduldet hat, dass das Leben weiter voranschreitet, bei den anderen das Leben in seiner vollen Blüte abschnitt und es bei den dritten schon in den Anfängen abbrechen ließ.

(43) Den einen hat beim Essen der Schlag getroffen, der Tod eines anderen hat sich unmittelbar an den Schlaf angehängt, irgendeinen hat es beim Sex erwischt. Schau dir dagegen die Leute an, die mit einem Schwert durchbohrt wurden, oder die Opfer von Schlangenbissen und die, die einstürzende Gesteinsmassen trafen, und solche, denen die Muskeln schritt-

* Vgl. Anm. auf S. 24.

weise durch lange Krämpfe bis zum Tod verdreht wurden.* Der letzte Gang der einen lässt sich als angenehm bezeichnen, der der anderen als schlimmer: und doch ist allen der Tod gemein. Ganz unterschiedlich sind die Wege, durch die er eintritt. In dem, was sie beenden, gleichen sie sich alle. Kein Tod ist größer oder kleiner als der andere. Bei allen hat er dasselbe Maß: er hat das Leben beendet.

Ad Marciam de consolatione 21,6–7:

(6) [...] Umsonst flehst du die Götter an und rackerst dich ab: Jeder Einzelne hat so viel, wie viel ihm der erste Tag zugewiesen hat. Seit diesem Tag, an dem er das Licht der Welt erblickt hat, hat er auch schon seine Füße auf den Todesweg gesetzt, ist dem schicksalshaften Ende näher gekommen, und all die Lebensjahre, die der Jugend hinzugefügt wurden, wurden vom Leben abgezogen.

(7) In diesem Irrglauben stecken wir alle fest, dass wir nicht einsehen wollen, dass man sich dem Tod nähert, außer wenn man alt und grau ist, wo uns doch das Kleinkindalter und auch die Jugend – ja, jedes Lebensalter! – sofort dorthin befördern kann. Das Schicksal macht seinen Job: Es nimmt uns das Gespür für unseren Tod. Und damit er sich umso leichter heranschleichen kann, hat sich der Tod als Leben getarnt: Die Kindheit hat unbemerkt das Kleinkindalter in sich aufgenommen, das Jugendalter die Kindheit, das Greisenalter die Jugend. Der vermeintliche Zuwachs ist, wenn du richtig rechnest, eigentlich Verlust.

* Bei Hauseinstürzen und Gichtanfällen.

Über den täglichen Tod jedes Menschen

Epistulae morales 1,2:

Wen kannst Du mir nennen, der der Zeit irgendeinen Wert beimisst, der den einzelnen Tag wertschätzt, der einsieht, dass er täglich stirbt? Darin nämlich täuschen wir uns, dass wir den Tod in Ferne sehen: doch ein großer Teil von ihm ist bereits vorübergegangen. All die Zeit, die hinter uns liegt, hat der Tod fest im Griff. Mach es also genau so, mein Lucilius, wie Du schreibst, dass du es schon tust. Mache von allen Stunden umfassend Gebrauch; so wird es geschehen, dass Du weniger vom morgigen Tag abhängig bist, wenn Du vom heutigen Besitz ergriffen hast.

Epistulae morales 24,19–21:

(19) [...] Ich erinnere mich daran, dass du einmal folgenden Gedanken ausgiebig diskutiert hast: [...]
(20) Jeden Tag sterben wir. Denn jeden Tag wird ein Teil des Lebens weggenommen. Sogar im Wachstum nimmt unser Leben ab. Wir haben das Kleinkindalter verloren, dann unsere Kindheit und Jugend. All die Zeit, die bis gestern vergangen ist, ist tot. Sogar den Tag, den wir gerade erleben, teilen wir uns mit dem Tod. Wie nicht der letzte herabfallende Tropfen die Wasseruhr* ausleert, sondern all das herabgeflossene Wasser, bewirkt nicht nur die letzte Stunde, in der wir aufhören zu

* Die in der Antike verbreitete Wasseruhr (›Klepshydra‹) funktioniert nach dem Prinzip heutiger Sanduhren. Eine Zeitspanne ist vorüber, wenn das letzte Sandkorn bzw. der letzte Wassertropfen vom oberen Gefäß ins untere gefallen ist.

leben, unseren Tod, sondern sie vollendet ihn nur; in diesem Moment erreichen wir zwar den Tod, doch lange sind wir dorthin gegangen.

(21) […] Du sagtest: »Es kommt nicht ein einzelner Tod, sondern der Tod, der das Leben nimmt, ist der letzte.« […]

III. Folgerungen für eine gute Lebensgestaltung

Die Länge des Lebens ist irrelevant

Ad Marciam de consolatione 21,1–3:

(1) […] Alles Menschliche ist kurz, vergänglich und nimmt nicht einmal den kleinsten Teil der unendlichen Zeit ein.

(2) Diese unsere Erde mit all ihren Städten und Völkern und Flüssen und dem sie umspülenden Meer können wir als Punkt darstellen im Vergleich zum Weltall. Unsere Lebenszeit hat ein noch kleineres Ausmaß als ein Augenblick, wenn man sie mit der ganzen Zeit vergleicht, die einen weitaus größeren Umfang hat als das Weltall, da dieses sich innerhalb ihres Zeitraums so oft wiederholt. Was für eine Bedeutung also hat es, ob man das ausdehnt, dessen Zuwachs so oder so nicht viel von Null abweicht? Nur auf eine einzige Weise ist das viel, was wir erleben: Wenn es uns genug ist.

(3) Du magst mir Namen langlebiger Männer nennen können, von deren hohem Alter man sich heute noch erzählt. Vielleicht ist einer gar 110 Jahre alt geworden. Wenn du deinen Geist auf die gesamte Zeit hinlenkst, wird der Unterschied zwischen dem kürzest möglichen und dem längsten Menschenleben nichtig sein, wenn du untersuchst, wie lange einer gelebt hat und es damit vergleichst, wie lange er nicht gelebt hat.

Epistulae morales 99,10–12:

(10) […] Gehen wir zu dem über, der alt geworden ist: Um wie wenig hat er ein Kleinkind besiegt. Stelle dir die unendlichen Weiten der Zeit vor! Versuche das Weltall zu erfassen!

Und vergleiche dann das, was wir ein Menschenalter nennen, mit dem Unendlichen! Du wirst einsehen, wie winzig klein das ist, was wir uns wünschen und so gerne ausdehnen möchten.

(11) Wie viel von diesem kleinen Zeitraum nehmen nun Tränen in Anspruch! Wie viele Stunden verbringen wir in Kummer und Sorge! Wie viel Zeit geht verloren, weil man sich den Tod, bevor er kommt, herbeiwünscht! Wie viel Zeit nehmen Krankheit und Angstzustände für sich ein! Wie viel Zeit beanspruchen Jahre, die man nutzlos und ohne sich weiterzubilden dahinlebt? Die Hälfte des Lebens verschläft man ja schon! Nicht zu vergessen die Zeit, die man für mühevolle Aufgaben, zum Trauern und zum Überstehen von Gefahren aufwendet ... Du wirst einsehen, wie wenig man auch im längsten Leben überhaupt zum Leben kommt.

(12) Wer wird nicht zugeben, dass der es besser hat, der schnell zurückkehren darf und für den der Lebensweg abgeschlossen ist, ehe er müde wird? Das Leben ist weder ein Gut noch ein Übel. Es ist der Ort, an dem Gutes und Schlechtes geschieht. [...]

Epistulae morales 54,5:

Ich stelle dir die Frage, ob dir das nicht überaus dumm vorkommen würde, wenn jemand behauptet, dass es einer Öllampe nach dem Ausmachen schlechter gehe als vor dem Anzünden. Auch wir werden sowohl ausgemacht als auch angezündet. In der Zeit dazwischen müssen wir gewisse Dinge erdulden, auf beiden Seiten dieses Abschnitts aber können wir uns in völliger Sorglosigkeit wiegen. Darin nämlich, mein werter Lucilius, irren wir uns, wenn ich mich nicht täusche, dass wir der festen Überzeugung sind, dass der Tod auf das Leben folgt, wo er doch sowohl vor unserem Leben als auch nach unserem Leben anzusiedeln ist. Alles, was vor uns war, umfasst der Tod: denn worin unterscheidet sich das Nicht-Anfangen vom Aufhören? Die Wirkung ist doch bei beiden dieselbe: man existiert nicht.

Epistulae morales 22,13–17:

(13) Schon wollte ich dem Brief das Siegel aufdrücken … jetzt muss ich ihn wieder auffalten, damit er mit dem gewohnten kleinen Geschenk zu dir gelangt und zumindest diese wohl formulierten Worte zu dir trägt.* Und, sieh an, mir kommt ein Zitat in den Sinn, bei dem ich mir nicht ganz sicher bin, ob es eher die Wahrheit auf den Punkt bringt oder nur rhetorisch hübsch formuliert ist. »Von wem stammt es?«, fragst du. Von Epikur! Denn immer noch habe ich Wegzehrung von anderen im Gepäck.

(14) »Alle gehen eben so aus dem Leben, als ob sie gerade erst eingetreten wären.« Los, geh zum Erstbesten hin. Egal ob junger Mann, alter Geis oder einer in den mittleren Jahren: du

* Seneca spricht von einer Lesefrucht: Am Ende der ersten 30 Briefe seiner *Epistulae morales* greift er jeweils auf Zitate diverser Philosophen zurück, mit Vorliebe aus der Schule Epikurs, der auch Lucilius gewogen ist. Indem Seneca so immer auch diese mit der Stoa konkurrierende Philosophenschule miteinbezieht, unterstreicht er seine Offenheit, sich mit anderen Lehren auseinanderzusetzen. Auch schwächt er ganz kalkuliert die Lehren der Stoa ab, um den Leser nicht sofort durch harte stoische Regeln abzuschrecken und erst einmal für die Philosophie an sich zu begeistern. Die gewählten Zitate unterstützen Senecas Argumentation, denn in seinen Augen kann auch Epikur in Notlagen durchaus passende Ratschläge bereitstellen. Während sich Seneca zu Beginn seines ›Lehrgangs‹ der *Epistulae morales* also tolerant gegenüber Epikur zeigt, bezieht er im weiteren Verlauf der 124 Briefe immer klarer gegen ihn Stellung.

wirst ihn mit jeweils gleich viel Angst vor dem Tod vorfinden, genauso unbedarft, was das Leben angeht. Niemand hat irgendetwas zustande gebracht. Wir haben all unsere Angelegenheiten nämlich auf die Zukunft verschoben. Nichts gefällt mir an dieser Aussage Epikurs mehr als dass alten Männern kindisches Getue vorgeworfen wird.

(15) »Niemand«, sagt er, »geht anders aus dem Leben als er geboren wurde.« Das ist falsch! Wir sterben in einem schlechteren Zustand als in dem bei unserer Geburt. Das ist einzig und allein uns anzulasten, keine Schuld der Natur. Sie müsste sich eigentlich über uns beschweren und sagen: »Was soll das denn? Ich habe euch ohne Begierden auf die Welt gebracht, ohne Ängste, ohne Aberglauben, ohne Treuebruch und die übrigen Seuchen: Verlasst das Leben so, wie ihr hineingegangen seid!«

(16) Der hat Weisheit erlangt, wer ebenso sorgenfrei stirbt, wie er geboren wird; nun aber bibbern wir, wenn eine Gefahr sich genähert hat, unser Geist ruht nicht in sich, unsere Gesichtsfarbe verändert sich, die Tränen kullern, obwohl sie doch ohnehin nichts bewirken werden. Was kann schändlicher sein als just auf der Schwelle hin zur Sorglosigkeit beunruhigt zu sein?

(17) Der Grund hierfür liegt darin, dass wir keinerlei Werte haben und der Verlust des Lebens an uns nagt. Denn bei uns ist kein einziger Teil von ihm geblieben: Es ist verbeigezogen und fortgeflossen. Niemand sorgt sich darum, wie gut er lebt, sondern nur wie lange, und das, wo doch jeder Mensch die Chance hat, sein Leben gut zu führen, sich dagegen niemand aus eigener Kraft ein langes Leben erarbeiten kann. [...]

Epistulae morales 74,27:

Ob du in den Sand einen größeren oder einen kleineren Kreis malst, ist zwar für seinen Flächeninhalt von Bedeutung, nicht aber für seine Form: Es kann gut und gerne sein, dass der eine lange Zeit zu sehen war, während du den anderen sofort nach dem Zeichnen wieder verwischst und den Sand, in den er eingezeichnet war, wieder ebnest: Beide Kreise hatten dieselbe Form. Was richtig ist, wird weder nach seiner Größe eingeschätzt noch nach seiner Anzahl oder nach seinem Fortbestehen. Es kann in seiner Bedeutung nicht weiter herauf- oder herabgesetzt werden. Los, verkürze ein sittlich vollkommenes Leben von hundert Jahren um so viel, wie du willst! Reduziere es gar auf einen einzigen Tag! Es wird genauso vollkommen sein.

Epistulae morales 93,6–7.12:

(6) Deswegen werde ich mich jetzt nicht dagegen wehren, wenn mir mehr Lebensjahre zur Verfügung stehen; doch ich werde sagen, dass mir nichts zum glücklichen Leben gefehlt hat, wenn die Dauer meines Lebens plötzlich abbricht. Ich habe mich nämlich nicht auf den Tag eingestellt, den ich mir in gieriger Hoffnung als den letzten ausgemalt habe, sondern ich habe keinen Tag meines Lebens nicht so betrachtet, als wäre er der letzte. Warum fragst du mich danach, wann ich geboren bin und ob ich mich noch zum jungen Gemüse rechne? Mein Los passt mir.

(7) So wie ein Mensch von kleinerer Körpergröße vollkommen sein kann, so kann auch ein Leben kleineren Ausmaßes vollkommen sein. Die Lebensdauer muss zu den unbedeutenden Äußerlichkeiten gerechnet werden. Wie lange ich existiere, steht nicht in meiner Macht. Dass ich, solange ich leben werde, vernünftig lebe, liegt an mir. Verlange nicht von mir,

dass ich wie mit Scheuklappen auf einem ehrlosen Lebensweg voranpresche, sondern dass ich mein Leben ausschöpfe, ohne an allem vorbeizuleben.

(12) Hältst du wohl den Gladiator für glücklicher, der am letzten Tag der Gladiatorenspiele getötet wird, als den, der irgendwann in der Mitte stirbt? Glaubst du wirklich, dass jemand so unvernünftig nach dem Leben giert, dass er lieber in der Umkleidekabine als in der Arena die Gurgel abgedreht bekommt? Nicht in allzu großem Abstand gehen die einen den anderen voraus. Der Sensenmann kommt zu jedem: der Mörder folgt dem Ermordeten auf dem Fuß. Völlig unerheblich ist das, worüber wir uns so angsterfüllt den Kopf zerbrechen. Was tut es zur Sache, wie lange du das vermeidest, was du letzten Endes doch nicht vermeiden kannst ...?

Epistulae morales 92,24–25:

(24) [...] Die sittliche Vollkommenheit kann man nicht mehr vergrößern. Also auch nicht das glückliche Leben, das in der sittlichen Vollkommenheit ihren Ursprung hat. Die sittliche Vollkommenheit ist nämlich ein so großes Gut, dass es die (für ein moralisch gut geführtes Leben irrelevanten) äußeren Umstände nicht spürt, also die Kürze des Lebens, den Schmerz oder die diversen Angriffe auf unseren Körper. Der Lustgewinn ist es nicht einmal wert, dass sie einen Seitenblick auf ihn wirft.

(25) Was macht die sittliche Vollkommenheit besonders aus? Dass die Zukunft keine Rolle spielt und man keine Tage zählt. In einem ach so winzigen Zeitpunkt kann man über ewig andauernde innere Werte verfügen. [...]

Epistulae morales 70,1–4:

(1) Nach langer Zeit habe ich wieder einmal dein Pompeji gesehen. Ich fühlte mich beim Anblick in meine Jugend zurückversetzt. Es kam mir vor, als würde ich alles, was ich als junger Mann dort gemacht hatte, auch jetzt noch tun; als hätte ich es auch kurz zuvor getan.

(2) Wir sind am Leben vorbeigesegelt, Lucilius, und genauso wie auf hoher See »Länder und Städte vorbeiziehen« (ich lasse hier Vergil sprechen!) [vgl. Verg. Aen. 3,72], so haben wir bei diesem schnellen Dahineilen der verrinnenden Zeit zuerst unsere Kindheit vorbeiziehen sehen, dann unsere Jugend, dann das, was in der Mitte, im Grenzgebiet zwischen mittlerem Erwachsenenalter und Greisenalter liegt, dann auch schon die besten Jahre des Greisenalters; neuerdings beginnt sich mir das allgemein bekannte Ende des Menschseins zu zeigen.

(3) Bar jeder Vernunft nehmen wir an, dass man es hierbei mit einer Klippe zu tun hat: Ein Hafen ist es. Man muss ihn irgendwann aufsuchen und darf ein Anlegen niemals ausschlagen. Wenn einer in seinen ersten Lebensjahren dort ankommt, braucht er sich nicht mehr zu beklagen als einer, der mit seinem Boot schnell gesegelt ist. Mit dem einen treiben, wie du weißt, träge Winde ihr Spiel und halten ihn an einer Stelle fest und ermüden ihn, wenn in beständiger Windstille nichts passiert; den anderen trägt eine lang andauernde Brise in Blitzgeschwindigkeit ans Ziel.

(4) Stell dir vor, dass uns dasselbe passiert: die einen hat das Leben in Blitzgeschwindigkeit dorthin getragen, wohin alle, selbst die Zögerlichsten, einmal kommen müssen; die anderen hat es aufgerieben und geradezu weichgekocht. Am Leben darf man, wie du weißt, nicht ewig klammern. Nicht das Leben an sich hat einen Wert, sondern gut zu leben. [...]

Bemühe dich, in der Gegenwart zufrieden zu sein!

Epistulae morales 32,3–5:

(3) Mach also hin, liebster Lucilius, und denk darüber nach, wie sehr du dich beeilen würdest, wenn du in deinem Rücken den Atem eines Feindes spüren würdest, wenn du den Verdacht hättest, dass ein Soldat zu Pferde herangaloppiert und den frisch eingedrückten Fußspuren der Flüchtenden nachsetzt. Eben das geschieht doch gerade: Man sitzt dir im Nacken! Beeil dich! Mach dich aus dem Staub! Bring dich in Sicherheit und dann stell dir vor, wie schön es wäre, sein Leben vor dem Tod vollenden zu können, um daraufhin frei von Sorgen die verbleibende Zeit abwarten zu können – ohne dass man sie für sich noch braucht, da man ja schon im Besitz des glücklichen Lebens ist, das durch Länge an Glückseligkeit nichts mehr hinzugewinnt.

(4) Ach, wann wirst du diesen Zeitpunkt erleben, an dem du weißt, dass die Zeit nicht dir gehört, an dem du seelenruhig und entspannt dem ›Morgen‹ keine Beachtung schenkst und mit deinem Leben völlig zufrieden bist. Weißt du, was die Menschen derart nach der Zukunft gieren lässt? Niemand hat ausreichend auf sich selbst gehört. So haben sich deine Eltern anderes für dich gewünscht: Ich dagegen wünsche dir, dass du all das verachten kannst, was sie dir im Überfluss wünschen. Ihre Wünsche rauben viele andere aus, nur um dich zu bereichern. Alles, was in deinen Besitz übergeht, muss irgendeinem weggenommen werden.

(5) Ich wünsche dir, dass du über dich selbst verfügen kannst, dass dein Geist – bisher durch sinnlose Gedanken in Unruhe versetzt – endlich zur Ruhe kommt und in sich an Stabilität gewinnt; dass er an sich selbst Freude hat und die wahren Güter erkennt, die unmittelbar nach dem Erkennen auch

in den Besitz übergehen, und ein Hinzufügen an Lebenszeit nicht nötig hat. Der endlich hat alle Zwänge überstanden und ist selbständig und frei, der lebt, nachdem er sein Leben vollendet hat. [...]

De brevitate vitae 7,9:

Aber wer aus jedwedem Zeitpunkt einen Nutzen für sich zu ziehen weiß, wer alle Tage so strukturiert, als wäre jeder der letzte, der wünscht sich weder das ›Morgen‹ herbei, noch fürchtet er es. Was für eine neue Freude kann einem eine weitere Stunde schon noch bringen? Alles ist bekannt, alles ist bis zu einem Sättigungsgefühl aufgenommen worden. Über das Übrige mag der blinde Zufall so entscheiden, wie er will. Das Leben ist bereits gesichert. Man kann etwas hinzufügen, nichts mehr abziehen. Und das Hinzufügen sieht so aus wie bei einem, der schon gesättigt ist, aber im Bauch noch ein bisschen Platz hat: Von dem, was er eigentlich nicht mehr essen müsste, nimmt er sich doch noch einen Happen.

Epistulae morales 61,4:

Bevor wir uns auf das Leben vorbereiten, müssen wir uns auf den Tod vorbereiten. Das Leben ist ausreichend ausgestattet, aber wir gieren nach dem, was es uns zu bieten hat. Es kommt uns so vor, als fehle irgendwas in unserem Leben – und so wird es immer sein! Weder Jahre noch Tage bewirken, dass wir genug gelebt haben, sondern nur unsere Einstellung. Ich habe gelebt, liebster Lucilius, und zwar so lange, wie es genug war. Gesättigt erwarte ich den Tod.

De brevitate vitae 8,5 – 9,1:

8 […] (5) Niemand wird dir deine Jahre wiederherstellen, niemand wird dir ein zweites Mal dich selbst geben. Dein Leben eilt weiter dorthin, worauf zuzugehen es begonnen hat; und es wird seinen Lauf nicht umkehren oder abbrechen. Es wird nicht ins Straucheln geraten und auch nicht wegen seines schnellen Laufs gerügt werden: stillschweigend entgleitet es. Nicht durch den Befehl eines Königs, nicht durch die Gunst des Volks wird es sich verlängern lassen. So wie es vom ersten Tag losgeschickt worden ist, wird es seinen Lauf weiterführen, niemals von der Bahn abkommen, niemals haltmachen. Was wird geschehen? Du magst beschäftigt sein, doch das Leben läuft weiter. Dann wird der Tod zur Stelle sein, und du musst dir für ihn Zeit nehmen, ob du willst oder nicht.

9 (1) Kann denn irgendetwas dümmer sein als das Verständnis von so manchen Leuten – und ich meine solche, die mit ihrer Klugheit angeben? Diese Leute geben sich nur noch hingebungsvoller ihren Beschäftigungen hin. Um besser leben zu können, richten sie ihr Leben auf Kosten ihres Lebens ein. In Gedanken planen sie auf lange Sicht. Dabei hat man es beim Aufschieben mit dem größten Verlust an Lebenszeit zu tun. Das Aufschieben nimmt bereits den ersten Tag weg, es raubt die Gegenwart, wobei es immer weitere Tage verspricht. Das größte Hindernis im Leben ist das Warten, das vom morgigen Tag abhängt und den heutigen vergessen macht. Was in der Hand des Schicksals liegt, das verplanst du. Das, was in deiner liegt, lässt du los. Wohin schaust du? Wonach streckst du dich? Alles Kommende liegt im Ungewissen: Lebe auf der Stelle!

Epistulae morales 101,4–10:

(4) […] Wie dumm ist es eigentlich, seine Lebenszeit durchzustrukturieren, wenn man nicht einmal Herr über den morgigen Tag ist? Himmel! Welchem Wahn sind Leute verfallen, die ihre Hoffnung weit in die Zukunft lenken? Ich werde mir dies und das kaufen, Häuser bauen, Kredite geben, Lohn einfordern, Ämter übernehmen und später irgendwann müde und erfüllt das Alter in Muße verbringen.

(5) Du kannst mir eines glauben: Sogar für die Erfolgreichen unter uns ist alles unsicher. Niemand darf auf die Zukunft bauen. Auch das, was man mit seinen Fingern umklammert, kann entgleiten. Sogar die Stunde, in der wir uns gerade befinden, kann der Zufall jäh enden lassen. Die Zeit zieht zwar nach einem festen Gesetz vorüber, aber wir kennen es nicht! Was nun geht es mich an, ob etwas für die Natur durchschaubar ist, wenn es das für mich nicht ist?

(6) Lange Schifffahrten planen wir und, dass wir dann nach dem Durchfahren fremder Küsten zurückkehren. Wir sehen den Kriegsdienst vor uns (mit seiner verspäteten Besoldung für die entsagungsvollen Mühen des Lagerlebens), außerdem diverse Verwaltungsaufgaben und das Vorantreiben von Pflichten durch das Erfüllen wieder anderer Pflichten, wo doch an unserer Seite der Tod läuft. Immer wieder werden wir mit Erlebnissen konfrontiert, die uns die Sterblichkeit der Menschen vor Augen führen, die aber immer nur so lange anhalten, wie wir sie uns mit ungläubigem Staunen ansehen, da man immer nur an den Tod anderer, nicht an den eigenen denkt.

(7) Was aber ist dümmer, als das, was jeden Tag passieren kann, an irgendeinem Tag mit ungläubigem Staunen mitanzusehen? Für jeden von uns steht das Ende dort fest, wo es die unerbittliche Notwendigkeit des Schicksals platziert hat. Aber keiner weiß, wann man ihm nahe ist. Genau so soll jeder von

uns seinen Geist anleiten, als ob man schon ans Ende gekommen wäre. Lasst uns nichts aufschieben und täglich unsere Abrechnung mit dem Leben auf null setzen.

(8) Der größte Fehler des Lebens ist, dass es immer unvollkommen ist und dass man immer etwas von ihm aufschiebt. Wer täglich letzte Hand an sein Leben gelegt hat, wird nicht mehr Zeit wollen; denn aus diesem Mehr-Zeit-Wollen erwachsen die Todesfurcht und das Sich-Sehnen nach der Zukunft, das unseren Geist zerfrisst. Nichts ist beklagenswerter, als im Unklaren zu sein, wie die Ereignisse ausgehen. In der Sorge, wie viel Zeit uns noch bleibt und wie beschaffen sie ist, zermürbt uns im Geiste eine endlose Furcht.

(9) Wie werden wir dieser Unruhe entkommen? Nur so: wenn unser Leben nicht zum Teil in der Zukunft stattfindet, sondern es sich auf sich selbst konzentriert. Der nämlich hängt von der Zukunft ab, dem die Gegenwart unnütz ist. Sobald aber alles zurückgegeben worden ist, was ich mir schuldig war, sobald mein Geist an Halt gewonnen hat und weiß, dass zwischen einem Tag und einem Jahrhundert kein Unterschied besteht, schaut er alles, was nacheinander an Tagen und Dingen kommen wird, von oben an und reflektiert mit breitem Grinsen über den Lauf der Zeit. Denn was wird der ewige Wandel des Geschicks bei dir für eine Unruhe stiften können, wenn du den unsicheren Umständen deine innere Sicherheit entgegenstellst?

(10) Beeile dich also zu leben, mein Lucilius, und sieh in jedem Tag je ein Leben. Wer eben diese Denkweise verinnerlicht hat, wem sein Leben Tag für Tag vollständig war, der lebt nicht in Sorge. Denjenigen, die in der Hoffnung auf die Zukunft leben, entgleitet sogar der nächste Augenblick und bei ihnen schleicht sich das Schlimmste, die Todesfurcht, ein, die das Schlimmste hervorbringt. […]

Zieh positive Gedanken aus der Vergangenheit!

De brevitate vitae 10,4–5:

(4) […] Nun aber ist dieser Teil unserer Lebenszeit* geradezu heilig und geweiht, er ist erhaben über alles, was Menschen zustoßen kann und dem Herrschaftsbereich des Schicksals entzogen, weil ihn weder eine Notlage, noch Furcht oder der Ansturm von Krankheiten aus der Ruhe bringen kann. Er kann weder durcheinandergebracht, noch uns entrissen werden. Über die Vergangenheit verfügt man ewig und unerschütterlich. In der Gegenwart sind die Tage nur einzeln da, jeder für sich, von Augenblick zu Augenblick. Aber die der Vergangenheit zugeordneten Tage werden alle zusammen da sein, wenn ihr es so wollt, und werden sich nach deinem Gusto nochmals betrachten lassen und in deiner Verfügungsgewalt stehen. Dauerbeschäftigte freilich haben dafür keine Zeit.

(5) Ein sorgenfreier, in sich ruhender Mensch zeichnet sich dadurch aus, im Geiste all seine Lebensabschnitte durchwandern zu können. Vielbeschäftigte können sich nicht zurückbeugen und auch nicht den Blick nach hinten wenden – ganz als wären sie wie Tiere in ein Zuggeschirr gespannt. Ihr Leben verliert sich daher im Bodenlosen. Und genauso wie es nichts bringt, von oben etwas – egal wie viel es auch ist! – in ein Gefäß hineinzuschütten, wenn unten nichts ist, was es aufnimmt und trägt, so ist es auch völlig irrelevant, wie viel Zeit dir gegeben wird, wenn nichts da ist, woran sie anschließen kann. Durch zerklüftete und ausgehöhlte Menschen lässt man sie fließen.

* Gemeint ist die Vergangenheit.

Häng nicht allzu sehr am Leben!

Epistulae morales 101,10–15:

(10) […] Von der Todesfurcht geleitet wird das mehr als verwerfliche Gebet des Maecenas*, in dem er sogar den Zustand der Lähmung, der Verkrüppelung und der Folter nicht ablehnt, solange er unter all diesen Übeln nur noch ein wenig länger die Lebensluft einatmen darf:

(11) »Mach meine Hand lahm, meinen Fuß kraftlos und hinkend, setz einen riesigen Buckel auf meinen Rücken, lass mir die wackligen Zähne ausfallen! Solange ich am Leben bin, ist alles gut. Lass mich am Leben, auch wenn ich dabei am Kreuz hängen muss.«

(12) Hier wird das herbeigesehnt, was – wenn es unter anderen Umständen eingetreten wäre – das Schlimmste überhaupt gewesen wäre. Als wäre es das wahre Leben, erbittet er flehentlich das In-die-Länge-Ziehen der höchsten Qual. Ich hielte es für völlig verachtenswert, wenn er sein Leben bis zur Kreuzigung fortführen wollte: »Du darfst mich ruhig lähmen«, sagt er, »solange der Lebenshauch im zerschundenen und nutzlosen Körper weilt. Du darfst mich verschandeln, solange mir – schrecklich anzusehen und bis zur Unkenntlichkeit entstellt – auch nur die kleinste Zugabe an Zeit gewährt wird. Du kannst mich ohne Weiteres an ein Holzkreuz nageln.« Ist es so viel wert, seine Wunde noch tiefer aufzureißen und am Querholz zu hängen, damit indes das aufgeschoben wird, was in einer solch üblen Situation das Beste ist – nämlich das Ende der Qual?«

* Der in enger Verbindung zum Prinzeps Augustus stehende Maecenas unterstützte in seinem Maecenaskreis finanziell literarische Größen wie Vergil (70–19 v. Chr.) und Horaz (65–8 v. Chr.). Seine eigene Dichtkunst wird nicht nur von Seneca negativ bewertet.

(13) Was möchtest du ihm wünschen außer gnädige Götter? Was soll dieses schändliche, verweichlichte Gedicht bezwecken? Was eine Abmachung geleitet von wahnsinniger Todesfurcht? Was diese scheußliche Bettelei ums Leben? Könntest du glauben, dass Vergil ihm jemals folgenden Vers vorgetragen hat: »Ist es nun wirklich so schlimm zu sterben?« [vgl. Verg. Aen. 12,646.] Er wünscht sich sehnlichst das Äußerste aller Übel und will das verlängert haben und fortgesetzt wissen, was zu ertragen das Schlimmste ist. Was erhofft er sich davon? Schon klar: ein längeres Leben. Aber kann man ein langes Sterben als Leben bezeichnen?

(14) Lässt sich auch nur einer finden, der es vorzieht, unter Höllenqualen bei lebendigem Leibe langsam zu verwesen, Glied für Glied abzusterben und seine Seele derart oft, quasi tröpfchenweise, auszustoßen, anstatt ein einziges Mal zu sterben? Lässt sich auch nur einer finden, der es vorzieht, ans unglücksbringende Marterholz geschlagen zu werden, bald gelähmt, bald verkrüppelt, Schultern und Brust in Form einer widerlichen Beule herausgedrückt? Er, der schon abseits des Kreuzes viele Gründe hatte zu sterben, soll nun sein Leben in die Länge ziehen, das an so viele Qualen gebunden ist? Versuche jetzt noch zu leugnen, dass es eine große Wohltat der Natur ist, dass man zu sterben hat.

(15) Viele Menschen sind bereit, noch schlechtere Abmachungen zu treffen: Sie liefern gar einen Freund ans Messer, um länger zu leben, übergeben eigenhändig ihre Kinder einem Zuhälter, damit sie das Tageslicht sehen können, das über all ihre Missetaten Bescheid weiß … Die Lebensgier muss abgeschüttelt werden. Man muss lernen, dass es irrelevant ist, wann du das erleidest, was du ohnehin irgendwann erleiden musst; und dass es darauf ankommt, wie gut du lebst, und nicht, wie lange; dass es aber oft dann gut ist, wenn es nicht lange geht. […]

IV. Der Tod als Befreiung

Das Leid hat endlich ein Ende!

De tranquillitate animi 10,3:

[…] Für uns alle gelten die gleichen Haftbedingungen. Auch wer andere angekettet hat, ist angekettet, wenn du nicht zufällig die Handschelle an der linken Hand des Wärters für leichter erträglich hältst. Die einen fesseln ihre Staatsämter, die anderen ihr Hab und Gut, einige ihre adlige Abstammung, andere ihre niedere. Einige stehen unter fremden Befehlen, andere unter ihren eigenen. Einige hält ihre Verbannung an ein und demselben Ort, andere ihr Priesteramt. Das ganze Leben ist Sklaverei.

Epistulae morales 24,17:

Es kann gut sein, dass ich arm werde: dann werde ich in guter Gesellschaft sein. Ich kann verbannt werden: ich werde den Ort, an den ich geschickt werde, für meinen Geburtsort halten. Ich werde gefesselt werden: Was dann? Bin ich momentan etwa frei von Fesseln? Die Natur hat mich an meinen überaus lästigen Körper gekettet. Ich kann sterben: damit sagst du nichts anderes, als dass ich fortan nicht mehr krank werden, in Fesseln gelegt werden oder sterben kann.

Ad Marciam de consolatione 19,5 – 20,3:

19 […] (5) Der Tod erlöst uns von allen Schmerzen. Er ist die Grenze, die unser irdisches Leid nicht überschreitet. Er versetzt uns wieder in den Zustand ruhiger Sorglosigkeit, in dem

wir uns vor der Geburt befanden. Wenn einer mit den Toten Mitleid hat, müsste er auch mit den Ungeborenen Mitleid haben. [...]

(6) [...] Ihn* wird weder die Furcht vor Armut umtreiben noch die Sorge um Hab und Gut. Auch leiten ihn nicht mehr seine niederen Triebe, die den Menschen über sein Luststreben packen; der Neid auf fremden Erfolg lässt ihn kalt, genauso der eigene; seine ehrfürchtigen Ohren werden nicht einmal mehr Streitereien mitanhören; keine öffentliche, keine private Niederlage steht mehr bevor. Er hängt nicht voller Beunruhigung vom guten Ausgang der Zukunft ab, der für all die Unsicherheitsfaktoren entschädigen könnte. Endlich ist er dort angekommen, wo ihn niemand mehr vertreibt, wo nichts ihn erschreckt.

20 (1) Was für eine falsche Einstellung haben diejenigen zum Leid, die den Tod nicht als beste Erfindung der Natur loben und ihn nicht freudig erwarten. Ganz gleich, ob der Tod nun den Erfolg beschließt, aus einer Notlage befreit, einem müden Greis, der alles zur Genüge erlebt hat, das Ende bringt, einen Jugendlichen in der Blüte seines Lebens und in der Hoffnung auf Größeres wegführt oder einen Knaben zurückruft, bevor die härteren Lebensphasen beginnen: für alle ist er das Ende, für viele ein erlösendes Medikament, manchen erfüllt er ihren Wunsch. Niemandem erweist er einen größeren Dienst als dem, zu dem er kommt, bevor er ihn zu sich bestellt.

(2) Der Tod entlässt Sklaven gegen den Willen des Herrn in die Freiheit; er löst die Ketten Gefangener und führt sie aus dem Kerker, wenn ein hinfälliger, irdischer Befehl ihnen verboten hat zu gehen. Er zeigt Verbannten, deren Gedanken und Blicke sich stets auf die Heimat richten, dass es unwichtig ist,

* Gemeint ist ›Einer, der gestorben ist‹. Konkret bezieht sich Seneca auf Marcias Sohn, über dessen Verlust seine Schrift hinwegtrösten soll.

unter welchen Menschen man verweilt. Er hat da ausgleichende Wirkung, wo das Schicksal die allen gemeinsamen Güter schlecht verteilt hat und von zwei gleichberechtigt Geborenen einen zum Eigentum eines anderen gemacht hat. Nach seinem Eintritt hat noch niemand etwas nach dem Willen eines anderen tun müssen oder seine niedrige Stellung zu spüren bekommen. [...] Da es ihn gibt, ist es keine Strafe, geboren zu werden, und ich muss drohenden Schicksalsschlägen nicht erliegen. Durch ihn bleibt meine Seele heil und Herrin über sich selbst. Ich habe etwas, was ich im Notfall zur Hilfe rufen kann.

(3) Ich sehe dort Folterinstrumente: sie sind nicht von einer einzigen Machart, sondern wurden von verschiedenen Menschen jeweils anders gestaltet. Einige haben ihre Opfer mit dem Kopf nach unten hin zur Erde aufgehängt, andere ihnen einen Holzpfahl durch die Leiste gestoßen, wieder andere ihre Arme an einem Holzkreuz in Streckung gebracht. Ich sehe Streckbänke und Peitschen; man hat für einzelne Gelenke und Glieder separate Werkzeuge ausgeklügelt. Aber ich sehe bei alldem auch den Tod. Dort sind blutrünstige Feinde und herablassende Mitbürger. Aber ich sehe dort auch den Tod. Es ist keine Bürde, Sklave zu sein, wo man doch, wenn man keine Lust mehr auf den Herrn hat, mit einem Schritt in die Freiheit gehen kann. Leben, ich hab dich gern, weil du mir die Wohltat des Todes bereitstellst.

Weg mit der körperlichen Hülle ...

Epistulae morales 92,13.34:

(13) Geh nun davon aus, dass man das, was ich zum Thema ›Kleidung‹ gesagt habe, auch über unseren Körper sagen kann: Denn die Natur hat unsere Seele auch mit ihm wie mit einem

Kleidungsstück umgeben. Er ist ihre Hülle. Wer aber hat schon jemals die Qualität von Kleidungsstücken nach dem Kleiderschrank beurteilt? Eine Schwertscheide macht das Schwert selbst weder gut noch schlecht. Also werde ich dir dasselbe auch über den Körper sagen: Ich würde mich ohne Frage für ein gesundes und kräftiges Äußeres entscheiden, wenn man mir die Wahl lassen sollte; aber nur mein Urteil über das Innere würde von Wert sein, nicht das Äußere selbst.

(34) Aus der körperlichen Hülle geht die Seele mal mit Gleichmut heraus, mal verlässt sie sie mit Wagemut im Sprung. Dabei fragt sie nicht danach, welches Ende die sterblichen Überreste nehmen werden, sondern wie wir abgeschnittenen Bart- und Kopfhaaren keinen Wert beimessen, so ist die göttliche Seele der Meinung, dass es sie nichts angeht, wohin ihre fleischerne Hülle gebracht wird, da sie den Menschen verlassen wird: Ob ein Feuer die Hülle zerstört, Erde sie bedeckt, oder wilde Tiere sie in Stücke reißen, interessiert sie ebenso wenig wie das Neugeborene sich um die Nachgeburt kümmert. […]

Epistulae morales 120,15–16:

(15) Ich sage es dir, mein Lucilius, der stichhaltigste Beweis dafür, dass die Seele von einer höhergelegenen göttlichen Sphäre kommt, liegt darin, dass sie diese irdische Gegend, in der sie sich nun aufhält, für niedrig und beengend hält und sich nicht davor fürchtet, sie zu verlassen. Derjenige, der sich daran erinnert, woher er gekommen ist, weiß nämlich, wohin er gehen wird. Sehen wir nicht, wie viele Unannehmlichkeiten uns aufreiben, wie schlecht dieser Körper eigentlich zu uns passt?

(16) Mal klagen wir über Kopfweh, mal über Magenprobleme, mal über stechende Schmerzen in Brust und Hals. Wann anders sind es unsere Muskeln oder unsere Füße, die uns plagen, dann wieder Durchfall und Schnupfen. Einmal leiden wir

unter zu hohem Blutdruck, ein andermal ist er zu niedrig. Von allen Seiten werden wir angegangen und weggestoßen. So ergeht es Leuten, die in einem fremden Gebiet wohnen.

Heute hat die Ewigkeit Geburtstag

Epistulae morales 102,22–28:

(22) »[...] Wenn der Tag gekommen ist, der diese Mischung aus Göttlichem und Menschlichem wieder trennt, werde ich den Körper dort, wo ich* ihn gefunden habe, zurücklassen und mich selbst den Göttern zurückgeben. Auch jetzt bin ich nicht ohne sie, aber ich werde durch schweres Irdisches hier festgehalten.«

(23) Durch diesen Aufenthalt im sterblichen Leben übt man sich für sein besseres, längeres Leben. Wie uns die Gebärmutter zehn Monate** festhält und uns nicht auf sich, sondern für den Ort vorbereitet, in den wir entlassen werden (schon dafür gemacht, zu atmen und im Freien zu überleben), so reifen wir in dieser Zeitspanne, die von der jüngsten Kindheit bis hin zum Greisenalter führt, für eine andere Geburt heran. Ein anderer Ausgangspunkt erwartet uns, eine Welt mit anderen Eigenschaften.

(24) Wir können den Himmel noch nicht ertragen, außer aus großer Entfernung. Daher blicke ohne Zittern auf diese entscheidende Stunde. Sie ist nicht für die Seele die letzte, sondern für den Körper. Betrachte all das, was um dich herum liegt, als Marschgepäck für einen gastfreundlichen Ort: Du musst weitergehen. Die Natur nimmt dem aus dem Leben Zu-

* Es spricht die Seele des Menschen.

** Gemeint sind Mondmonate von 28 Tagen.

rückkehrenden sein Gepäck genauso ab wie dem ins Leben Aufbrechenden.

(25) Es ist nicht erlaubt, mit mehr hinauszugehen, als du ins Leben hineingebracht hast, ja du musst sogar einen großen Teil von dem, was du ins Leben mitgebracht hast, ablegen: Abgezogen wird dir da deine Haut, mit der du umgeben wurdest (dein letztes Kleidungsstück!); weggenommen wird dein Fleisch und das darin fließende Blut, das durch deinen ganzen Körper läuft; entrissen werden dir die Knochen und Sehnen, das Gerüst deines weichen und haltlosen Inneren.

(26) Dieser Tag, den du fürchtest, als wäre er der letzte, ist der Geburtstag der Ewigkeit. Leg die Last ab! Was zögerst du, als ob du nicht schon früher diesen Körper, in dem du dich immer wieder einmal verborgen hieltst, zurückgelassen hättest und aus ihm herausgegangen wärst? Du bleibst wie angewurzelt stehen und sträubst dich: Auch damals bist du erst unter großen Anstrengungen deiner Mutter aus ihrem Bauch gepresst worden. Du klagst und schreist: Gerade dieses Weinen ist typisch für ein Neugeborenes. Aber damals musste man mit dem Baby Nachsicht haben: ungebildet und ohne irgendeine Kenntnis bist du da auf die Welt gekommen. Aus dem lauschig-warmen, schützenden Mutterleib eben entlassen, wehte draußen eine freiere Brise und dir missfiel die grobe Berührung menschlicher Hände. Noch ganz weiche Haut hattest du, du warst unschuldig und betäubt angesichts all des Unbekannten um dich herum.

(27) Nun ist es dir aber nicht mehr neu, dass du von dem getrennt wirst, wovon du zuvor ein Teil warst. Gib deine Körperteile gelassen auf, die ja jetzt schon nutzlos sind, und leg den Körper ab, in dem du lange gewohnt hast. Er wird zerschunden, vergraben, zersetzt werden. Warum bist du untröstlich? So geht es typischerweise vonstatten: Die Fruchtblase, die das Neugeborene umhüllt, wird immer zerstört. Warum liebst du

diese Hülle so, als gehöre sie dir? Du wirst nur von ihr bedeckt. Es wird der Tag kommen, der dich von ihr losreißt und dich aus der Gemeinschaft mit dem ekelhaften, stinkenden Bauch herausführt.

(28) Löse du dich auch jetzt von ihr, so gut du kannst, löse dich von den irdischen Gelüsten (außer von denen, die von Natur aus notwendig sind). Denke – fremd wie du hier bist – schon jetzt an etwas Höheres und Erhabeneres: irgendwann werden dir die Geheimnisse der Natur enthüllt und diese Dunkelheit hier durchbrochen werden und das Licht wird überall hell durchleuchten. Stell dir vor, wie schön das Lichtspiel sein wird, wenn so viele Sterne untereinander ihr Leuchten mischen. Kein Schatten wird das heitere Wetter trüben. Gleichmäßig wird jede Seite des Himmels erstrahlen. In der untersten Luftsphäre dagegen wechseln sich Tag und Nacht ab. Du wirst sagen, dass du damals im Dunkeln gelebt hast, wenn du (dann endlich selbst ein voller Mensch!) das ganze Licht gesehen hast. Momentan siehst du es nur vage durch die engen Kanäle deiner Augen und doch bewunderst du es schon aus der Ferne: Was für einen Eindruck wird das göttliche Licht dann erst auf dich machen, wenn du es an seinem angestammten Ort siehst?

V. Der Lebensabend

Jetzt ist es zu spät, um mit dem Leben zu beginnen!

Epistulae morales 23,9–11:

(9) [...] »Lästig ist es, sein Leben immer neu zu beginnen.« Oder, wenn der Sinn des Zitats* so besser zum Ausdruck kommt: »Schlecht leben die, die immerzu damit anfangen, zu leben.«

(10) »Warum?«, willst du wissen; in der Tat erfordert diese Äußerung eine Erläuterung: weil für solche das Leben immer unvollkommen ist. Der kann nämlich nicht für den Tod bereitstehen, der eben noch mit dem Leben beginnt. Darauf müssen wir abzielen, dass wir genug gelebt haben. Niemand kann das leisten, der erst zum Leben ansetzt.

(11) Es gibt keinen Grund zu glauben, dass es sich hierbei nur um Ausnahmen handelt: es trifft auf fast alle zu! Einige fangen sogar dann noch an zu leben, wenn sie aufhören müssen. Wenn dir das seltsam vorkommt, sage ich dir etwas, was du noch seltsamer finden wirst: Einige haben zu leben aufgehört, ehe sie zu leben begonnen haben ... [...]

Epistulae morales 13,16–17:

(16) [...] Du wirst erkennen, wie schrecklich oberflächlich Menschen sind, die ihrem Leben täglich eine neue Basis setzen und sogar im Sterben noch damit beginnen, neue Hoffnungen aufzubauen.

* Es handelt sich erneut um ein Zitat Epikurs am Briefende.

(17) Sieh dir die einzelnen Leute in deinem Umkreis an: Da kommen dir Greise entgegen, die sich jetzt erst verstärkt um ein politisches Amt bewerben, groß auf Reise gehen und Handelskontakte knüpfen wollen. Was aber ist schändlicher als ein Senior, der mit dem Leben anfängt? [...]

Das Greisenalter hat auch etwas Positives ...

Epistulae morales 12,4–9:

(4) [...] Lass uns das Alter umfassend nutzen und lieben; es ist voll von Lustmomenten, wenn du es zu nutzen verstehst. Am meisten Appetit auf Obst hat man dann, wenn es ausgeht. Am reizendsten ist ein Kind, wenn es die Kindheit fast schon zu Ende durchlaufen hat; Menschen, die dem Weingenuss frönen, erfüllt das letzte Glas mit Freude: dieses eine Glas, das dem Trinker den Rest gibt, das seinem Rausch das i-Tüpfelchen aufsetzt.

(5) Das Erfreulichste, was jede Lust zu bieten hat, spart sie für ihr Ende auf. Und das erfreulichste Lebensalter ist dasjenige, das schon gen Ende neigt, aber noch nicht direkt vor dem Abgrund steht; doch sogar das Lebensalter des allerletzten Abschnitts hat meiner Meinung nach seine Reize; oder es tritt an die Stelle der Vergnügungen der Umstand, dass man keine Vergnügungen mehr braucht. Wie schön ist es, Begierden besiegt und hinter sich gelassen zu haben!

(6) »Es ist aber unangenehm«, sagst du, »den Tod vor Augen zu haben.« Zuerst einmal muss er einem alten Mann genauso vor Augen sein wie einem jungen – wir werden nämlich nicht nach unserem Alter aufgerufen. Außerdem ist auch niemand so alt, dass man ihn als unverschämt bezeichnen würde, wenn er sich einen einzigen Lebenstag mehr erhofft. Ein einziger Tag

aber ist eine Stufe des Lebens. Das ganze Lebensalter besteht aus Teilen und besitzt verschiedene Kreise, wobei größere kleinere in sich aufnehmen: Es gibt einen, der alle anderen umfasst und einschließt: er führt vom Moment der Geburt bis zum Todestag. Es gibt einen anderen, der die Jahre der Jugend abtrennt; einen dritten, der die gesamte Kindheit mit seiner Kreislinie an sich bindet. Und schließlich den Kreis des Jahres, das alle Zeiten beinhaltet, aus deren Vervielfältigung sich das Leben zusammensetzt. Den Monat umschließt ein engerer Kreis; den kleinsten Kreis hat der Tag, aber auch der verläuft von einem Anfang bis zu einem Ende, vom Aufgang zum Untergang.

(7) Daher sagte Heraklit*, dem das Dunkle seiner Ausdrucksweise seinen Beinamen gegeben hat: »Ein Tag ist jedem erdenklichen Tag gleich.« Diesen Spruch hat man unterschiedlich interpretiert. Hat er nämlich gemeint, dass jeder Tag an Stunden gleich ist, hat er nicht gelogen; denn wenn der Tag 24 Stunden umfasst, dann müssen notwendigerweise alle Tage untereinander gleich sein, weil die Nacht das innehat, was der Tag verloren hat. Ein anderer legt es so aus, dass ein Tag allen Tagen gleich ist aufgrund ihrer Ähnlichkeit untereinander: Auch der längste Zeitraum hat nämlich nichts, was man nicht auch in einem einzigen Tag finden könnte, nämlich Tageslicht und nächtliches Dunkel. Und bis hin zum Wechsel der Welt bewirkt er – mal kürzer, mal ausgedehnter – mehrere solcher Phasen von Licht und Dunkel, die aber niemals von anderer Art sind.

* Heraklit von Ephesus (ca. 540–480) ist neben Thales von Milet einer der bekanntesten Vorsokratiker. Diese haben sich v. a. dem Ursprung der Welt gewidmet. Als tiefgründiger Denker lehnte er nahezu alle damals geltenden Weltvorstellungen ab und legte in kryptisch-rätselhafter Orakelsprache (sog. ›Gnomen‹) seine eigene Welterklärung dar; daher sein Beiname »der Dunkle«.

(8) Daher muss jeder Tag geschickt eingeteilt werden, als würde er das Ende des Heereszugs unseres Lebens bilden, es beenden und das Glas des Lebens bis zum Rand füllen. Pacuvius*, der sich Syrien durch seine lange Amtsausübung zu eigen gemacht hat, wurde – nachdem er sich selbst (mit Wein und dem dazugehörigen Leichenschmaus) ein Totenopfer dargebracht hatte – vom Festmahl in sein Schlafzimmer geschoben. Dabei klatschten Lustknaben Beifall und seine Gäste sangen zu Instrumentalbegleitung: »Es ist gelebt! Es ist gelebt!«**

(9) Kein Tag verging ohne eine solche Inszenierung. Das, was Pacuvius immer wieder aus einem schlechten Gewissen heraus tat, wollen wir aus gutem Gewissen tun und fröhlich und heiter sagen, wenn wir uns schlafen legen: »Ich habe gelebt und den Lauf, den mir das Schicksal vorgezeichnet hat, zu Ende geführt.« [vgl. Verg. Aen. 4,653.] Wenn Gott den morgigen Tag hinzufügt, wollen wir ihn fröhlich annehmen. Derjenige hat die volle Stufe des Glücks erreicht und ist sorglos im Besitz seiner selbst, der das ›Morgen‹ ohne Beunruhigung erwartet; jeder, der abends sagen konnte: »Ich habe gelebt«, startet morgens in einen gewinnbringenden Tag!

Epistulae morales 61,1–2:

(1) Hören wir auf, das zu wollen, was wir früher einmal gewollt haben. Ich zumindest bemühe mich darum, als alter Mann nicht dasselbe zu wollen wie als junger. Mit Blick auf folgendes Ziel verstreichen Tage und Nächte, darin sehe ich meine Aufgabe, darauf richtet sich mein fortwährender Gedanke:

* Wohl 21–32 n. Chr. Statthalter in Syrien; Anhänger eines falschen, lustbestimmten Epikureismus (Hedonismus).

** Das im Original zitierte altgriechische βεβίωται ist ein Perfekt im Passiv (»Das Leben ist gelebt«) und betont die Folge für die Gegenwart, also: jetzt kann/braucht/muss man nicht mehr leben.

ich will den Übeln, die mich lange schon begleiten, ein Ende setzen. Darauf arbeite ich hin, dass ein einziger Tag für mich eine (nicht weniger bedeutende) Kurzfassung meines gesamten Lebens darstellt. Und nein, bei Gott, ich reiße ihn nicht wie den letzten an mich, sondern sehe ihn so an, als könnte er der letzte sein.

(2) Aus dieser Einstellung heraus schreibe ich dir vorliegenden Brief, als ob mich der Tod just beim Schreiben holen würde; ich bin bereit, aus dem Leben zu gehen und deswegen möchte ich das Leben genießen, weil ich nicht allzu sehr davon abhänge, wie lange es noch gehen wird. Ich habe vor dem hohen Alter dafür gesorgt, dass ich gut lebe; im Alter kümmere ich mich darum, dass ich gut sterbe. ›Gut sterben‹ aber meint nichts anderes als ›gern sterben‹.

Epistulae morales 26,1–7:

(1) Unlängst sagte ich dir, dass ich das Greisenalter schon unmittelbar vor mir sehen könne: jetzt befürchte ich, es schon hinter mir gelassen zu haben. Schon passt ein anderer Begriff besser für mein Alter und ganz bestimmt für meinen Körper hier, weil ›Greisenalter‹ zwar die Bezeichnung für ein müdes Lebensalter, aber nicht für ein gebrochenes ist. Zähle mich zu den völlig Abgelebten und denen, die an den äußersten Rand des Lebens gelangt sind.

(2) Und doch spreche ich mir selbst in deiner Gegenwart Dank aus: in meinem Geist spüre ich nicht, wie der Zahn der Zeit an mir nagt, an meinem Körper sehr wohl. Nur die Laster sind gealtert und das, was sie unterstützt. Frisch ist mein Geist und er freut sich darüber, dass ihm nicht viel mit dem Körper gemein ist. Einen Großteil seiner Last hat er bereits abgeworfen. Überglücklich diskutiert er mit mir kontrovers das Thema ›Greisenalter‹: Er sagt, es stelle für ihn die Blüte seines Lebens

dar. Lass uns ihm Glauben schenken: hoffentlich schlägt er Nutzen aus der für ihn so wertvollen Zeit!

(3) Er befiehlt mir zu reflektieren und zu analysieren, was von meiner Ausgeglichenheit und meinem anspruchslosen Lebensstil ich meiner Weisheit, was meinem Alter zu verdanken habe. Ich soll also sorgfältig prüfen, was ich nicht mehr tun kann und was ich nicht mehr tun will, obwohl ich es noch könnte. Wenn meiner Einschätzung nach das, was ich nicht mehr tun kann, und das, was ich nicht mehr tun will, in Zukunft auf dasselbe hinauslaufen, habe ich Anlass zur Freude: Denn was für einen Grund zum Herumjammern gibt es, was für einen Schaden nehme ich, wenn das, was aufhören musste, auch tatsächlich aufhört?

(4) »Es ist das Schlimmste und Unangenehmste, Stück für Stück an Kraft zu verlieren, zu sterben und (ich will den Vorgang mit den passenden Worten beschreiben:) langsam zu verwesen. Denn wir werden nicht auf einen Schlag attackiert und zu Boden gerissen: wir werden vielmehr in stetem Prozess geschwächt: jeder einzelne Tag greift eine gewisse Menge unserer Lebenskraft ab.« – Ist aber denn irgendein Ausgang aus dem Leben besser, als langsam in einem von der Natur initiierten Auflösungsprozess auseinanderzufallen und so an sein Ende zu gelangen? Nicht etwa weil ein Schlag und ein schneller Ausgang aus dem Leben etwas Schlechtes sind, sondern weil es sich dabei um einen sanften Weg handelt, um unbemerkt dem Leben zu entgleiten. Ich natürlich beobachte mich und spreche folgendermaßen zu mir (ganz so, als ob die Prüfung sich näherte und der Tag gekommen wäre, der über alle meine Lebensjahre ein Urteil fällen wird):

(5) »Nichtig ist das, was ich bis dato an Taten oder Worten geleistet habe. All die scheinbaren Beweise für meine moralisch integre Einstellung sind bedeutungslos, trügerisch und ich habe nur viel Aufsehen um sie gemacht. Welche Fortschritte

ich gemacht habe, davon wird mein Tod bald Zeugnis ablegen. Frei von Angst bereite ich mich daher auf diesen Tag vor, an dem ich – wenn keine Tricks mehr möglich sind und all die Schminke weggewischt ist – über mich urteilen werde, ob ich nur über tapferes Verhalten sprechen oder es auch wirklich so meinen und in die Tat umsetzen kann; ob all die trotzig-selbstsicheren Worte, die ich gegen das Schicksal richtete, vielleicht doch nur Show und Verstellung waren.«

(6) Vergiss das, was die Leute über dich sagen. Das bleibt immer ein Unsicherheitsfaktor und lässt sich in jede Richtung lenken. Vergiss die literarischen Studien, die du dein ganzes Leben lang betrieben hast. Der Tod wird bald über dich ganz allein sein Urteil fällen. Folgendes meine ich: Weder Erörterungen und Gespräche aus Büchern, noch Zitate, die du aus den Lehren der Philosophen zusammengesammelt hast, noch die gebildetste Rede zeigen die wahre Stärke deiner Seele. Mutig daherreden können nämlich auch die größten Angsthasen. Was du geleistet hast, wird dann unverkennbar zum Vorschein kommen, wenn du deine Seele aushauchst. Ich nehme die Bedingung an, ich habe keine Angst vor dem Urteil.«

(7) So spreche ich mit mir. Aber geh davon aus, dass ich auch mit dir gesprochen habe. Du bist jünger als ich. Ist das relevant? Die Jahre werden nicht abgezählt. Es ist unsicher, an welcher Stelle des Lebens dich der Tod erwartet. Deshalb sei überall für ihn gewappnet.

Ein vorbildlicher Lebensabend

Epistulae morales 30,1–4.12:

(1) Aufidius Bassus*, einen vortrefflichen Mann, sah ich bei zerrütteter Gesundheit und mit dem Lebensalter ringen. Schon drückt ihn mehr zu Boden, als er hochheben kann. Das Greisenalter hat sich mit seinem ganzen Gewicht auf ihn gestürzt. Du weißt, dass Bassus immer von gebrechlicher Statur und ohne große Körperkraft gewesen ist. Lange hat er seinen Körper am Laufen gehalten und (um es realitätsnäher zu formulieren:) lange die körperlichen Schäden repariert. Auf einmal ging nichts mehr.

(2) In einem Schiff, in das von außen Wasser eindringt, kann man den ein oder anderen Riss zustopfen; man kann dem leckenden Fahrzeug allerdings nicht mehr helfen, wenn es an sehr vielen Stellen lose zu werden und nachzugeben beginnt. Genauso kann im Körper eines Greises die Schwäche nur bis zu einem gewissen Grad ausgeglichen und gestützt werden. Sobald aber (wie in einem morschen Haus) sich jede Verbindung löst und, während man die eine Stelle in Ordnung bringt, eine andere aus den Fugen geht, ist es an der Zeit sich umzuschauen, wie man am besten aus dem Haus herauskommt.

(3) Und doch ist unser Bassus geistig fit. Das bewirkt die Philosophie: im Anblick des Todes heiter zu sein und in jedem erdenklichen körperlichen Zustand tapfer und fröhlich zu sein und den Mut nicht zu verlieren, auch wenn die Kräfte verloren gehen. Ein guter Steuermann kann auch mit zerrissenem Segel fahren; fehlen auch sämtliche Vorrichtungen, um die Segel zu tragen, kann er das restliche Schiff noch auf Kurs bringen. Das macht unser Bassus; er blickt mit so einer Einstellung und so

* Vgl. Anm. auf S. 24.

einer unberührten Miene auf sein Ende, dass man sie für zu unbekümmert halten würde, wenn es um das Ende eines anderen ginge.

(4) Das ist bewundernswert, Lucilius, und etwas, was man lange erlernen muss: dann, wenn die unausweichliche Stunde näher rückt, mit Gelassenheit aus dem Leben zu gehen. Andere Todesarten sind vermischt mit der Hoffnung: Eine Krankheit findet ihr Ende, ein Brand wird gelöscht, ein einstürzendes Gebäude hat die, die sie unter sich zu begraben schien, doch glimpflich davonkommen lassen. Das Meer hat die, die es verschlungen hat, mit derselben Gewalt, mit der es sie eingesogen hat, auch wieder unversehrt herausgeschleudert. Der Soldat hat die Schwertklinge vom Nacken des todgeweihten Gegners zurückgezogen. Auf absolut nichts kann der hoffen, den das Greisenalter zum Tod führt. Ihm allein kann man sich nicht widersetzen. Auf keine andere Weise sterben wir sanfter, aber auf keine andere Weise dauert es auch länger.

(12) Wenn nun aber jemandem das Los zufällt, vom Greisenalter sanft aus dem Leben entlassen zu werden und nicht plötzlich aus dem Leben gerissen zu werden, sondern unbemerkt und Stück für Stück, muss der dann nicht allen Göttern Dank sagen, weil er gesättigt in den Ruhezustand überführt wurde, dem kein Mensch entgehen kann und der einem müden Menschen willkommen ist? Du siehst so manche, die sich den Tod herbeiwünschen – und gewiss sehnlicher, als für gewöhnlich das Leben herbeigesehnt wird. Ich weiß nicht recht einzuschätzen, welche Menschen uns mehr Mut einflößen: Solche, die den Tod herbeisehnen, oder solche, die ihn heiter und gelassen erwarten. Denn ersteres geschieht aus Wut und spontanem Ärger, die Gelassenheit dagegen basiert auf einem sicheren Urteil. Man kommt voller Zorn zum Tod; wenn der Tod von sich aus kommt, hat niemand ihn je heiter aufgenommen, bis auf den, der sich lange auf ihn eingestellt hat.

VI. Suizid und »guter Tod«

Leuchtende Beispiele für den Freitod

Epistulae morales 77,14–15.20:

(14) Glaubst du, dass ich dir jetzt vom beispielhaften Verhalten großartiger Männer berichten werde? Von dem kleiner Jungen werde ich erzählen! Ein bekannter Spartaner ist noch als Kind zur Legende geworden: In Gefangenschaft geraten, schrie er immer wieder in seinem dorischen Dialekt: »Ich werde kein Sklave sein!« und er ließ den Worten Taten folgen: Als man ihn erstmals beauftragte, einen Sklavendienst zu verrichten, der ihn in seinem Stolz kränkte (man ließ ihn nämlich eine Bettpfanne zu ihrem Bestimmungsort bringen), schlug er seinen Kopf mit voller Wucht gegen eine Wand und brach sich den Schädel.

(15) So nahe ist die Freiheit! Und doch gibt es noch Leute, die Sklaven sind? Würdest du nicht auch lieber wollen, dass dein Sohn so stirbt, als dass er träge vor sich hinlebt und zum alten Mann wird? Warum also machst du dich verrückt, wenn sogar ein Bub tapfer sterben kann? Stell dir vor, du wolltest nicht Folge leisten: dann wirst du dazu gezwungen. Sei auch bei Dingen, die nach den Regeln anderer ablaufen und nicht zu ändern sind, dein eigener Herr! Wirst du dich wirklich nicht vom Enthusiasmus des Jungen inspirieren lassen und nicht wie er sagen: »Ich bin kein Sklave!«? Du Unglücksrabe: du bist Sklave von Menschen, von Dingen und schließlich des Lebens. Denn das Leben ist Sklaverei, wenn der Mut zu sterben fehlt.

(20) [...] Das Leben ist wie ein gutes Theaterstück. Es kommt nicht darauf an, wie lange es geht, sondern wie gut

es aufgeführt wird. Wo du das Ende setzt, ist egal. Hör auf, wo immer du willst: Setze nur einen fulminanten Schlusspunkt! […]

Epistulae morales 70,19–28:

(19) […] Es gibt keinen Grund zu glauben, dass nur unerreichbare Männer die Kraft besaßen, die Schranken menschlicher Sklaverei zu durchbrechen. Auch keinen, dass nur Cato* dies kann, der sich eigenhändig das Leben nahm, das er auf dem Schlachtfeld nicht verloren hatte. Menschen der untersten Gesellschaftsschicht haben sich mit voller Begeisterung zum sicheren Tod geflüchtet; weil es ihnen unmöglich war, unter vorteilhaften Bedingungen zu sterben, und sie auch nicht nach ihrem Gusto die Mittel für ihr Sterben hatten wählen dürfen, haben sie das, was zur Hand war, an sich gerissen und das, was von Natur aus harmlos ist, durch gewaltvolle Anwendung zu Waffen gemacht.

(20) Neulich hat sich während der Vorbereitung auf die Morgenvorstellung der Tierhetze ein Germane von der Gruppe gelöst, um sein Geschäft zu verrichten. Einen anderen Moment der Abgeschiedenheit, in dem er ohne einen Aufpasser sein konnte, gewährte man ihm nicht. Dort hat er sich den Stock, der (mit daran hängendem Schwamm) zum Abwischen des Kots bereitlag, in die Kehle gerammt und die Luftzufuhr abgeschnitten: Er hat sich selbst erstickt. So führt man den Tod an der Nase herum! Natürlich war das nicht gerade reinlich oder dezent. Doch was könnte dümmer sein, als beim Sterben wählerisch zu sein?

(21) Was für ein tapferer Mann! Er hätte es verdient, sein Schicksal frei zu wählen! Wie tapfer hätte er das Schwert ein-

* Vgl. Anm. auf S. 16.

gesetzt, wie mutig hätte er sich in die Tiefe des Meers oder von einer Felsklippe gestürzt! Mittellos, wohin er blickte, hat er einen Weg gefunden, wie und womit er sich umbringen konnte. Dank ihm weißt du, dass einen beim Sterben nur der fehlende Wille aufhält. Über diesen Tod eines fest Entschlossenen soll sich jeder sein eigenes Urteil bilden, solange man sich nur darüber einig ist, dass der widerlichste Tod der saubersten Sklaverei vorzuziehen ist.

(22) Da ich schon damit begonnen habe, ordinäre Beispiele zu geben, werde ich noch ein wenig damit weitermachen: Jeder stellt größere Ansprüche an sich, wenn er sieht, dass selbst Menschen, die von allen gering geschätzt werden, den Tod geringschätzen können. Wir gehen davon aus, dass es unmöglich ist, Helden wie Cato oder Scipio* und andere, von denen wir immer wieder gerne mit Bewunderung hören, nachzuahmen. Ich werde beweisen, dass sich für die richtige Einstellung zum Tod ebenso viele gute Beispiele im Kontext einer Tierhetze finden lassen wie unter den Feldherren des Bürgerkriegs.

(23) Als neulich einer gut bewacht zur Morgenvorstellung gefahren wurde,** beugte er, als würde ihn der Schlaf übermannen, seinen Kopf so weit herunter, bis er ihn zwischen die Radspeichen des Wagens bekommen konnte. Er hielt sich so lange in seinem Sitz, bis er sich dann durch die Wucht des sich drehenden Rads das Genick brach. Genau in dem Wagen, in dem er seiner Strafe entgegenfuhr, konnte er ihr davonfahren.

(24) Wenn jemand will, kann ihn nichts daran hindern, aus dem Leben auszubrechen. Die Natur hält uns nicht in geschlossener Haft. Wem es die eigene Notlage erlaubt, der soll nach

* Quintus Caecilius Metellus Pius Scipio; kämpfte im Bürgerkrieg gegen Caesar und beging 46 v. Chr. nach dessen Sieg über die Pompeianer bei Thapsus Suizid.

** Oft wurden verurteilte Verbrecher als Tierkämpfer in die Arena geschickt.

einem sanften Tod Ausschau halten. Wer mehrere Möglichkeiten zur Hand hat, wie er sich von der Sklaverei befreien kann, soll eine Wahl treffen und überlegen, wie er am liebsten die Freiheit erlangen möchte. Sind die Gelegenheiten spärlich gesät, soll er die nächstbeste beim Schopf packen, als wäre sie optimal, auch wenn sie vielleicht noch ein völliges Novum darstellt. Wer den nötigen Mut hat, dem wird es beim Tod nicht an Kreativität fehlen.

(25) Siehst du, wie sogar die niedrigsten Sklaven bei ausreichend Motivation durch Schmerz und Leid plötzlich aktiv werden und die penibelsten Aufseher täuschen? Der ist ein herausragender Mann, der nicht nur den Tod für sich selbst bestimmt, sondern den Tod auch gefunden hat. Ich habe dir noch mehr solche Beispiele versprochen:

(26) Bei der zweiten Seeschlachtvorstellung hat einer der Barbaren eine Lanze, die er auf seine Gegner schleudern sollte, ganz in seine eigene Kehle gebohrt. »Warum?«, fragte er dabei, »Warum versuche ich nicht schon längst der ganzen schmachvollen Quälerei hier zu entkommen? Warum warte ich auf den Tod, wo ich doch eine Waffe in Händen halte?« Der Schaukampf war nun um einiges angenehmer mit anzusehen; denn um einiges ehrenhafter ist es, wenn Menschen lernen zu sterben – nicht zu töten.

(27) Verstehe ich das richtig? Die Mittel, die verkommene und lasterhafte Leute haben, werden diejenigen nicht haben, die sich lange in Gedanken auf Schicksalsschläge vorbereitet haben – und noch dazu mithilfe der Vernunft, der Lehrerin für jedes Fach? Sie lehrt uns, dass es unterschiedliche Zugänge zum Schicksal gibt, aber immer nur dasselbe Ende, und dass es nicht darauf ankommt, wo das beginnt, was kommt.

(28) Eben diese Vernunft erinnert dich daran, dass du (wenn möglich) sterben sollst, wie es dir am besten passt; dass du (wenn es nicht möglich ist) sterben sollst, wie du kannst, und

alles an dich reißen sollst, was dir zur Hand kommt, um dir Gewalt anzutun. Es ist nicht legal, von Beutezügen zu leben, aber es ist sehr schön, durch einen Beutezug zu sterben. [...]

Sehne dir den Tod nicht ununterbrochen herbei!

Epistulae morales 117,22–24:

(22) Nichts scheint mir mehr fehl am Platz, als sich den Tod herbeizuwünschen. Denn: wenn du leben willst, warum wünscht du dir den Tod? Wenn du nicht leben willst, was bittest du die Götter um das, was sie dir bei deiner Geburt zugestanden haben? Dass du nämlich irgendwann stirbst, ist auch dann beschlossene Sache, wenn du dich sträubst; der Zeitpunkt, wann du sterben willst, liegt in deiner Hand. Das eine musst du, das andere kannst du.

(23) Eine schauderhafte Einleitung habe ich dieser Tage gelesen; ein Autor von unbändiger Eloquenz schrieb: »So will ich baldmöglichst sterben!« Wie bescheuert ist der Mann?! Er wünscht sich eine Sache, die ohnehin in seiner Macht liegt! »So will ich baldmöglichst sterben!«: Vielleicht bist du, während du diese Worte wiederholst, schon zu einem Greis geworden. Sag: was hält dich auf, es einfach zu tun? Niemand hält dich ab! Nimm den Weg, der dir richtig erscheint! Such dir einen beliebigen Teil der Natur, der dir den Ausweg gewähren soll. Vor deinen Augen sind ja auch die Elemente, von denen die Welt gelenkt wird: Wasser, Erde, Luft. Und sie sind Grundvoraussetzung für unser Leben, ebnen aber genauso auch den Weg hin zum Tod.

(24) »So will ich baldmöglichst sterben!«: Dieses ›baldmöglichst‹, was soll das überhaupt heißen? Welchen Tag setzt du dafür fest? Es kann schneller so weit sein, als dir liebt ist. Hirn-

rissig ist diese Äußerung und sie lässt tief blicken: Durch so eine Wunschformel heischt man nur nach Mitleid. Wer es sich wünscht zu sterben, will gar nicht sterben. Bitte die Götter um ein langes Leben und um Gesundheit: wenn du beschlossen hast, dass du sterben willst, ist das das Schöne am Tod: dass man sich nichts mehr wünschen muss.

Für und gegen den Suizid im hohen Alter

Epistulae morales 58,32–36:

(32) [...] Es ist angenehm, so lange als möglich mit sich zusammen zu sein, wenn sich einer würdig gemacht hat, sich daran zu erfreuen. Daher werde ich darüber urteilen, ob man Ekel gegenüber dem höchsten Greisenalter empfinden und sein Ende nicht erwarten, sondern per Suizid herbeiführen darf. Ganz nahe an einem, der sich fürchtet, ist einer, der das Schicksal träge erwartet, wie einer, der maßlos dem Wein erlegen ist und die Amphore bis zum Boden ausschlürft und dabei auch diverse Ablagerungen mit einsaugt.

(33) Wir werden auch danach fragen, ob der letzte Teil des Lebens nur Bodensatz ist oder eine Flüssigkeit von absoluter Klarheit, wenn nur der Verstand ohne Beeinträchtigung ist und unsere Sinne unbeschadet dem Geist zuarbeiten und auch der Körper nicht lädiert ist und in fast totem Zustand. Am meisten kommt es nämlich darauf an, ob jemand sein Leben verlängert oder den Tod.

(34) Aber wenn der Körper das, was er tun soll, nicht mehr tun kann, warum sollte man nicht seine leidende Seele von ihm befreien dürfen? Und vielleicht muss man diesen Schritt auch ein wenig früher gehen, als man es eigentlich tun muss, um zu verhindern, dass man dann nicht mehr dazu imstande

ist, wenn man es wirklich tun muss. Und da es eine größere Gefahr darstellt, schlecht zu leben, als schnell zu sterben, zeugt es nicht gerade von Klugheit, wenn man sich nicht zum kleinen Preis verlorener Lebenszeit von einem großen Risiko loskauft. Wenige hat ein sehr langes Greisenalter zum Tod geführt, ohne ihnen dabei Unrecht anzutun; bei vielen dagegen lag das Leben träge ohne großen Nutzen für sie: Wie viel grausamer ist es dann deiner Meinung nach, ein bisschen von deinem Leben verloren zu haben, als das Recht, es zu beenden?

(35) Höre mir nicht ungern zu, als ob diese Worte für dich schon Sinn ergeben. Halte das für wertvoll, was ich dir sage. Ich werde das Greisenalter nicht verlassen, wenn es mich weiterhin ganz für mich sein lässt – ›ganz‹, was meinen besseren Teil, meine Seele, angeht. Aber wenn es begonnen hat, meinen Verstand zu beeinträchtigen und Teile von ihm zu zerstören, wenn mir nicht mein Leben zurückbleibt, sondern nur ein Lebenshauch, werde ich schnellstens aus dem morschen, zusammenstürzenden Gebäude springen.

(36) Ich werde durch den Tod nicht vor einer Krankheit fliehen, solange sie heilbar ist und den Geist nicht beeinträchtigt. Ich werde keinen Selbstmord begehen, nur weil ich Schmerz empfinde: So zu sterben bedeutet besiegt zu werden. Wenn ich jedoch weiß, dass ich ihn bis in alle Ewigkeit ertragen muss, werde ich aus dem Leben gehen, nicht wegen des Schmerzes als solchen, sondern weil er mir in Zukunft hinderlich ist bei allem, wofür man lebt. Wer wegen des Schmerzes stirbt, ist schwach und feige. Dumm dagegen ist, wer nur lebt, um Schmerz zu empfinden.

De providentia 4,6–8:

(6) Ich flehe euch an, erschreckt nicht vor dem, womit die unsterblichen Götter euch konfrontieren, um euch zu motivieren. Eine Notlage ist eine günstige Gelegenheit, um seine Tapferkeit unter Beweis zu stellen. Solche Menschen bezeichnet zu Recht jemand als armselig, die unter allzu glücklichen Umständen eine ruhige Kugel schieben; die wie inmitten des unbewegten Meers eine träge Stille innehat. All das Unheil, das solchen Menschen irgendwann einmal widerfährt, wird ihnen unbekannt sein.

(7) Einem Unerfahrenen setzen schlimme Zwischenfälle härter zu: Für den zarten Nacken eines jungen Tiers wiegt das Zuggeschirr schwer; der unerfahrene Soldat wird blass, wenn er nur an eine Wunde denkt, während der altgediente Soldat ohne jede Scheu sein eigenes Blut ansehen kann: Er weiß, dass er oft schon nach solchen Wunden den Sieg errungen hat. So härtet Gott diejenigen Menschen ab, in denen er Potenzial sieht und die er liebt; er sieht sie mit prüfendem Blick an und stellt sie vor Bewährungsproben; diejenigen aber, gegenüber denen er scheinbar Nachsicht walten lässt und die er verschont, spart er in ihrer Verweichlichung für kommende Übel auf. Denn ihr geht falsch in der Annahme, wenn ihr denkt, dass irgendeiner eine Ausnahme darstellt: Auch den, der bisher lange ungeschoren davongekommen ist, wird sein Schicksal ereilen. Jeder, der dem Anschein nach bis dato verschont wurde, ist nur hingehalten worden.

(8) Warum bringt Gott gerade die Besten durch eine schlechte Gesundheit, durch Todesfälle und andere Unannehmlichkeiten an ihre Grenzen? Weil auch im Krieg gefährliche Aufträge stets an die Tapfersten im Lager gerichtet werden. Der Feldherr

entsendet die Erlesensten, um in einem nächtlichen Hinterhalt die Feinde anzugreifen, einen Weg ausfindig zu machen oder einen Wachposten aus seiner Stellung zu vertreiben. Keiner von denen, die das Lager verlassen müssen, sagt: »Der Feldherr hat mir damit keinen Gefallen getan«, sondern vielmehr: »Er hat genau die richtige Wahl getroffen!« Genauso sollen all diejenigen reagieren, die den Befehl erhalten, etwas zu erdulden, was Angsthasen und Feiglinge in Tränen ausbrechen lässt, und sie sollen sagen: »In Gottes Augen sind wir es wert, dass man an uns ausprobiert, wie viel die menschliche Natur aushalten kann.«

Für den Suizid als befreiende Alternativlösung

De providentia 6,6–9:

(6) »Aber es passiert so viel Trauriges, Erschreckendes und nur schwer zu Ertragendes!« – »Weil ich* euch vor all dem nicht schützen konnte, habe ich euch gegen all das gewappnet: Ertragt es tapfer. Hierin könnt ihr selbst Gott übertreffen: Gott ist den Übeln der Welt nicht ausgesetzt, ihr schon, doch könnt ihr über ihnen stehen. Messt der Armut keinen Wert bei: Niemand lebt so arm, wie er geboren worden ist. Messt dem Schmerz keinen Wert bei: entweder wird er vergehen oder ihr werdet durch ihn vergehen. Messt dem Tod keinen Wert bei: Er setzt euch ein Ende oder bringt euch in eine andere Welt. Messt dem Schicksal keinen Wert bei: Ich habe ihm keine Waffe in die Hand gegeben, mit der es euch verletzen könnte.

* Seneca lässt hier Gott selbst – gemeint ist natürlich nicht der Gott der Christen – als Sprecher auftreten, der auf den fiktiven Einwand bzw. Kommentar antwortet.

(7) Vor allem habe ich darauf geachtet, dass niemand euch gegen euren Willen festhalten kann. Es steht immer ein Ausweg offen: Wenn ihr nicht kämpfen wollt, könnt ihr fliehen. Deswegen habe ich von all den Dingen (die gemäß meiner Entscheidung für euch unvermeidlich sind) nichts so leicht gemacht wie das Sterben. Ich habe eure Seele kurz vor einen tiefen Abgrund gestellt; schnell wird sie dort hinuntergezogen: Passt bloß auf und ihr werdet sehen, wie kurz der Weg zur Freiheit ist und wie wenig im Wege steht. Ich habe euch beim Herausgehen keine so lange Wartezeit gesetzt wie beim Hereingehen. Sonst würde das Schicksal große Macht auf euch ausüben, wenn der Mensch so langsam sterben würde, wie er geboren wird.

(8) Jeder Zeitpunkt und jeder Ort soll euch darüber in Kenntnis setzen, wie leicht es ist, der Natur eine Absage zu erteilen und ihr ihr Geschenk wieder zurückzugeben. Sogar an Altären und bei feierlichen Opferriten, wo man sich das Leben wünscht, sollt ihr lernen zu sterben: Die wohlgenährten Leiber der Stiere fallen aufgrund einer kleinen Wunde in sich zusammen und ein Stich von Menschenhand streckt Tiere von gewaltiger Körperkraft nieder. Mit feiner Klinge wird das Muskelband am Nacken durchschnitten, und sobald dieses Gelenk, das Kopf und Hals verbindet, durchtrennt ist, bricht der gigantische Fleischberg in sich zusammen.

(9) Das Leben hält sich nicht in der Tiefe versteckt und man muss es auch nicht um jeden Preis mit dem Schwert herausbefördern. Auch muss man keine Wunde tief in die Brust schlagen und dann die Innereien durchwühlen. Der Tod ist ganz nah. Ich habe keine bestimmte Stelle für den tödlichen Stich festgelegt: wo auch immer du willst, bietet sich ein Weg. Das, was man als ›sterben‹ bezeichnet, wobei die Seele sich vom Körper entfernt, ist kürzer als dass man einen so schnellen Vorgang spüren könnte: Es ist ganz egal, ob ein Henkersknoten

den Hals abschnürt, Wasser das Atemholen verhindert, der harte Boden die Köpfe der Herabstürzenden zertrümmert, oder das Einatmen von Rauch und Hitze das Zirkulieren der Atemluft unterbricht. Was es auch sein mag: es ist schnell vorbei. Ist es euch etwa peinlich? Was so schnell passiert, fürchtet ihr so lange!«

De ira 3,15,4:

[…] »Du Verrückter! Warum jammerst du? Warum wartest du darauf, dass dich irgendein Feind rächt, indem er dein eigenes Volk auslöscht, oder dass ein von der Ferne aus mächtig aussehender König heraneilt? Wo immer du hinblickst, siehst du das Ende deiner Leiden: Siehst du die steil abfallende Stelle da? Dort steigt man zur Freiheit hinab! Siehst du das Meer da? Den Fluss? Den Brunnen? In deren Tiefe sitzt die Freiheit! Siehst du den kurzästigen, dürren, unfruchtbaren Baum da? An ihm hängt die Freiheit. Siehst du dein Genick, deine Kehle, dein Herz? Durch sie entkommt man der Sklaverei. Zeige ich dir zu mühsame Ausgänge aus dem Leben auf? Erfordern sie aus deiner Sicht zu viel Mut und zu viel Kraft? Du willst wissen, auf welchem Weg man zur Freiheit gelangt? Über jede beliebige Vene in deinem Körper.«

Epistulae morales 26,10:

»Bereite dich auf den Tod vor!« Wer das sagt, gibt den Befehl, sich auf die Freiheit vorzubereiten. Wer gelernt hat zu sterben, hat verlernt, Sklave zu sein und steht über (in jedem Falle außerhalb von) jeder fremden Gewalt. Was soll ich zu besagtem irdischen Gefängnis, jener Haft, jenem Schloss und Riegel noch sagen, außer dass ihr Ausgang freisteht? Es gibt nur eine einzige Kette, die uns alle angebunden hält: Die Liebe zum Leben. Zwar soll man sie nicht völlig abwerfen, doch zumindest so abschwächen, dass uns – wenn es die Lage erfordert – nichts zurückhält oder behindert, und wir bereit sind, das auf der Stelle zu tun, was ohnehin jeder irgendwann einmal tun muss. [...]

Epistulae morales 70,4–6:

(4) [...] Der Weise wird leben, solange er muss, nicht solange er kann.

(5) Er wird sehen, wo er leben wird, mit wem, wie und was er tun wird. Er macht sich immer Gedanken über die Qualität seines Lebens, nicht über die Quantität. Wenn ihm viel Beschwerliches begegnet, was seine Seelenruhe stört, wird er sich aus dem Leben gehen lassen. Das tut er nicht nur in einer Notlage, sondern, sobald das Schicksal beginnt ihm verdächtig zu werden, sondiert er sorgfältig die Umstände, ob er auf der Stelle sein Leben beenden muss. Für ihn ist es bedeutungslos, ob er das Ende selbst setzt oder ein anderer es herbeiführt, auch nicht, ob es eher langsam oder schnell vonstattengeht: er fürchtet sich nicht, als gäbe es eine große Einbuße. Niemand kann viel verlieren, wenn etwas Tropfen für Tropfen herabfällt.

(6) Schneller zu sterben oder langsamer, tut nichts zur Sache; gut zu sterben oder schlecht, sehr wohl. Gut zu sterben heißt, dem Risiko zu entgehen, schlecht zu leben. [...]

Epistulae morales 17,9–10:

(9) [...] Aber wenn der Weise es mit einer äußersten Notlage zu tun hat, wird er sofort aus dem Leben gehen und aufhören, sich selbst zur Last zu fallen. Wenn dann noch der Raum klein und beengt sein wird, wohin er sein Leben verlängern kann, wird er damit zufrieden sein und nicht über das notwendige

Maß hinaus besorgt oder voller Angst dem Bauch und den Schultern das Ihre zukommen lassen. Die vielbeschäftigten Reichen und das Zusammenströmen der Leute, die dem Reichtum nachlaufen, wird er unbekümmert und fröhlich belächeln.

(10) Und er wird sagen: »Wozu schiebst du dich selbst auf die lange Bank? Du wartest auf künftige Zinserträge, auf Warenprofit oder das Testament eines begüterten alten Mannes – wo du doch sofort reich werden kannst? Die Weisheit zahlt ihren Reichtum sofort in bar aus. Sie gibt ihn jedem, der andere Arten von Reichtum durch sie als überflüssig erkennt.«

Gegen den Suizid aus bloßem Lebensüberdruss

Epistulae morales 24,22–26:

(22) [...] Epikur kritisiert nicht weniger diejenigen, die den Tod herbeisehnen, als die, die sich vor dem Tod fürchten, wenn er sagt: »Lächerlich ist es, aus Lebensüberdruss dem Tod entgegenzurennen, wenn deine Art zu leben dich erst dorthin gebracht hat, dass du dem Tod entgegenrennen musst.«

(23) Ganz ähnlich sagt er an anderer Stelle: »Was ist so lächerlich wie den Tod herbeizusehnen, wenn du dein Leben durch die Furcht vor dem Tod erst in Unruhe versetzt?« Diesen Worten kannst du gut und gerne noch folgende vergleichbare Feststellung anfügen: So groß ist die Uneinsichtigkeit, ja der Wahnsinn der Menschen, dass manch einer durch die Furcht vor dem Tod in den Tod getrieben wird.

(24) Welches Zitat du nun auch eingehender betrachten willst, du wirst deine Seele entweder im Ertragen des Todes oder im Ertragen des Lebens stärken. Wir müssen nämlich in beide Richtungen ermahnt und bestärkt werden, dass wir weder das Leben zu sehr lieben, noch es zu sehr verabscheuen.

Auch wenn unsere Vernunft uns dazu rät, dem Leben ein Ende zu setzen, darf man nicht blindlings und aus Affekt heraus einen überhasteten Entschluss fällen.

(25) Der tapfere und weise Mann darf nicht aus dem Leben fliehen, sondern muss mit Bedacht herausgehen; insbesondere muss man auch von der folgenden psychischen Einstellung Abstand nehmen, die viele im Griff hat: nämlich am Sterben Lust zu empfinden. Denn es gibt, mein Lucilius, wie zu anderen Dingen, so auch zum Sterben einen nicht näher hinterfragten Hang. Man findet ihn oft bei großmütigen, sehr intelligenten Menschen, oft aber auch bei untätigen und depressiven. Das Leben hat für die Erstgenannten keinen Wert, die Letztgenannten belastet es.

(26) So manchen befällt das Gefühl, im Leben alles schon einmal gemacht und gesehen zu haben. Es ist weniger ein Hass auf das Leben als vielmehr ein Überdruss. Es ist sogar ein Nebeneffekt der Philosophie, dass man leicht in diese Stimmung hineingerät, insofern man sagt: »Wie lange müssen wir noch immer dasselbe erleben? Alles ist klar: ich werde aufwachen, schlafen, essen, Hunger haben, frösteln, schwitzen. All das ist nicht zielgerichtet, sondern zu einem Kreis verbunden; alles folgt aufeinander. Den Tag verdrängt die Nacht, die Nacht wiederum der Tag, der Sommer geht in den Herbst über, der Winter folgt dem Herbst und wird selbst wieder vom Frühling in seine Schranken gewiesen. So zieht alles vorüber und kehrt dann wieder zurück. Ich mache nichts Neues, ich sehe nichts Neues. Irgendwann hat man dann eben die Nase gestrichen voll!« Viele sind sogar der Meinung, dass es nicht unerträglich ist zu leben, sondern schlicht überflüssig. [...]

Gegen den Suizid bei andauerndem Nutzen für andere

Epistulae morales 98,15–18:

(15) [...] Ein alter Mann mit der richtigen Einstellung zum Leben will nicht für sich etwas zur Lebenszeit hinzufügen, sondern für diejenigen, denen er noch nützlich ist. Aus Freigebigkeit lebt er noch.

(16) Ein anderer hätte diese Quälerei, die sein Lebensabend mit sich bringt, schon lange beendet. Er aber hält es für ebenso schändlich, vor dem Tod wegzulaufen, wie beim Tod Zuflucht zu suchen. »Was soll das heißen? Wird er das Leben nicht verlassen, wenn es die Umstände erfordern?« Was hindert ihn daran, aus dem Leben zu scheiden, wenn keiner mehr Nutzen aus ihm zieht, wenn er sich nur noch abrackert, um Schmerzen erleiden zu können?

(17) Genau das, mein Lucilius, meint Philosophie in der Praxis zu erlernen und mit Blick auf die Realität zu trainieren: Das Training besteht darin, sich darüber klar zu werden, welche geistigen Waffen der kluge Mensch gegen den Tod vorzubringen hat, wenn er herannaht; und welche gegen den Schmerz, wenn er unmittelbar unter ihm leidet. Was zu tun ist, muss man von einem lernen, der selbst direkt betroffen ist.

(18) Bis jetzt haben wir uns mit der Suche nach Beweisen beschäftigt, ob irgendeiner dem Schmerz widerstehen kann, und ob der Tod auch großartige Männer bezwingen kann, wenn sie es mit ihm zu tun bekommen. Wozu braucht man dazu Worte? Konzentrieren wir uns auf die konkrete Sachlage! Weder lässt der Tod einen klugen Mann den Schmerz tapferer ertragen, noch der Schmerz jemanden den Tod. Sowohl gegen den Tod als auch gegen den Schmerz vertraut er auf sich. Er erträgt nicht gelassen den Schmerz, nur weil er auf den

Tod hofft. Genauso wenig stirbt er liebend gern, nur weil er vom Schmerz genug hat. Den Schmerz hält er aus. Den Tod erwartet er. [...]

Epistulae morales 104,3–4:

(3) [...] Ab und an muss man seinen Lebensatem (auch wenn überzeugende Gründe klar in entgegengesetzte Richtung weisen) aus Respekt vor seinen Angehörigen unter Qualen im Körper zurückhalten und darf ihn kurz vor dem Aushauchen nicht die Lippen passieren lassen, weil ein sittlich guter Mensch nicht leben darf, solange es ihm gefällt, sondern solange er leben muss: Wem weder seine Ehefrau noch sein Freund so viel wert sind, dass er länger am Leben bleibt, sondern dennoch weiter auf dem Sterben beharrt, der ist ein verweichlichter Egoist. Er soll sich vielmehr im Geiste auch folgenden Befehl erteilen: Wenn es der Nutzen für die Angehörigen erfordert, soll er ihnen den Gefallen tun und am Leben bleiben, nicht nur wenn er sterben will, sondern auch wenn er schon zu sterben begonnen hat.

(4) Eine herausragende Einstellung beweist, wer anderen zuliebe zum Leben zurückkehrt. Großartige Männer haben diese Einstellung oft an den Tag gelegt. Ich bin außerdem der Meinung, dass es von höchst menschlichem Umgang zeugt, wenn man – im Bewusstsein, dass es für einige Angehörige schön, nützlich und wünschenswert ist – mit mehr Bedacht für sein Greisenalter sorgt; obwohl es ja der größte Gewinn des Greisenalters ist, dass man sich selbst sorgenfreier ausleben und das Leben mutiger nutzen kann als noch in früheren Lebensphasen.

Du musst den Suizid nur vor dir selbst rechtfertigen …

Epistulae morales 70,12–15:

(12) […] Sein Leben muss jeder auch zur Zufriedenheit anderer führen, in den Tod geht jeder nur für sich. Der beste Tod ist der, der einem selbst gefällt.

(13) Dumm wie wir sind, machen wir uns solcherlei Gedanken: »Irgendeiner wird sagen, dass ich zu wenig tapfer gestorben bin, ein anderer, dass ich meinen Tod überstürzt habe oder dass es eine mutigere Todesart gegeben hätte.« Denk immer daran, dass dieser Entschluss nur in deinen Händen liegt und dass böse Gerüchte an ihn nicht heranreichen. Habe nur im Sinn, dich schnellstmöglich aus den Fängen des Schicksals zu befreien. So oder so wird es Leute geben, die sich über deine Tat den Mund zerreißen werden.

(14) Es werden sich sogar Philosophen finden lassen, die betonen, dass man seinem Leben keine Gewalt antun darf und die es für ein Unding halten, wenn man zu seinem eigenen Mörder wird. In ihren Augen hat die Natur beschlossen, welches Ende man erwarten müsse. Wer so spricht, erkennt nicht, dass er sich den Weg zur Freiheit verbaut. Nichts Besseres hat uns das ewige Gesetz tun können, als dass es uns nur einen einzigen Zugang zum Leben geschenkt hat, dafür aber viele Ausgänge.

(15) Soll ich etwa die Grausamkeit einer Krankheit oder eines Mitmenschen ertragen, wo ich doch inmitten von Folterwerkzeugen die Flucht ergreifen und das Widrige abschütteln kann? Über diese eine Sache im Leben können wir uns nun wirklich nicht beschweren: dass es niemanden festhält. […] Gefällt dir dein Leben? Dann lebe! Gefällt es dir nicht? Dann kannst du dorthin zurückkehren, von wo du gekommen bist.

De ira 1,6,4:

In dem einen Punkt wird der Richter sich von einem Arzt unterscheiden, nämlich dass ein Arzt den kranken Menschen, denen er das Leben nicht mehr schenken konnte, einen leichten Ausgang aus dem Leben ermöglicht; der Richter dagegen scheucht die Verurteilten unter Erniedrigung und Bloßstellung aus dem Leben. Das tut er nicht, weil es ihm etwa eine Genugtuung verschafft, jemanden zu bestrafen – der Weise ist nämlich von einer derart unmenschlichen, wilden Einstellung weit entfernt! –, sondern damit sie ein abschreckendes Beispiel für alle sind; und damit der Staat auf diese Weise doch noch mit Gewissheit aus ihrem Tod einen Nutzen zieht, zumal die Verbrecher ihm zu Lebzeiten nicht nutzen wollten. [...]

VII. Der Umgang mit dem Tod Nahestehender

Die Erinnerungen kann dir niemand nehmen!

Ad Polybium de consolatione 10,1–5:

(1) Es muss auch tröstlich für dich sein, daran zu denken [...], dass dir nicht etwa ein Unrecht zugestoßen ist, als du einen so großartigen Bruder* verloren hast, sondern dass man dir eine Wohltat erwiesen hat, weil du so lange seinen Umgang und seine Liebe zu dir genießen durftest.

(2) Ungerecht ist, wer dem Schenkenden nicht mehr erlaubt, frei über sein Geschenk zu verfügen. Habgierig ist, wer das Empfangene nicht als Gewinn erachtet, sondern als Verlust, wenn er es wieder abgeben muss. Undankbar ist, wer das Ende eines Vergnügens ›Ungerechtigkeit‹ nennt. Dumm ist, wer nur in gegenwärtigen Gütern einen Ertrag für sich sieht, wer nicht auch mit Vergangenem zufrieden sein kann und das, was nicht mehr ist, gar für einen sichereren Besitz hält: Denn man muss dabei nicht mehr fürchten, dass es ein baldiges Ende findet.

(3) Derjenige engt seine Freuden zu sehr ein, der meint, sich nur über das freuen zu können, was er in Händen hält und direkt vor sich sieht, während es ihm ganz egal ist, ob er dasselbe schon besessen hat. Denn das volle Lustgefühl verlässt uns im Flug, es fließt davon, geht vorüber und – kaum zu uns gelangt – ist es auch schon wieder weg. Deswegen muss man den Geist auf die Vergangenheit richten und sich alles, was einen jemals mit Freude erfüllt hat, wieder ins Gedächtnis rufen, und im-

* Seneca meint Polybius' toten Bruder. Leicht lässt sich hier jedoch an jede andere, einem nahestehende Person denken.

mer wieder vor seinem geistigen Auge präsent halten: Die Erinnerung an etwas, was uns Freude bereitet hat, hält länger und ist zuverlässiger als sein gegenwärtiger Genuss!

(4) Also sieh darin eines der größten Güter, dass du einen so perfekten Bruder hattest! Es gibt keinen Anlass nachzugrübeln, wie viel länger du ihn hättest haben können; denke vielmehr daran, wie lange du ihn für dich hattest. Die Natur hat ihn dir (wie den übrigen Menschen auch ihre Brüder) nicht zum Eigentum gegeben, sondern nur geborgt. Als es ihr richtig erschien, forderte sie ihn wieder ein und hörte dabei nicht darauf, ob dir ausreichend Zeit mit ihm vergönnt war, sondern folgte nur ihrem eigenen Gesetz.

(5) Sollte man den nicht für einen Mann ohne Sinn für Gerechtigkeit halten, der es nur schwer ertragen kann, dass er das geborgte Geld zurückzahlen muss, besonders wenn es sich um Geld handelt, über das man zinsfrei verfügen durfte? Die Natur hat deinem Bruder das Leben geschenkt, ebenso dir. Wenn sie nun von ihrem Recht Gebrauch macht und von einem Menschen ihrer Wahl die Schulden schneller eintreibt, ist nicht sie schuld. Die Bedingungen waren klar! Schuld ist vielmehr die gierige Hoffnung eines Sterblichen, der immer wieder vergisst, was die Natur ist, und sich niemals an sein Schicksal erinnert, außer wenn er daran erinnert wird.

Epistulae morales 99,3–5.24:

(3) [...] Gesetzt dem Fall, du hättest einen Freund verloren, was der größte aller Verluste ist, hättest du an deiner Einstellung arbeiten müssen, um dich mehr darüber freuen zu können, ihn zum Freund gehabt zu haben als darüber zu trauern, ihn verloren zu haben.

(4) Aber die meisten berücksichtigen nicht, wie viel sie erhalten haben und wie viel Freude sie erfahren durften. So lässt

sich unter anderem dein Schmerz angesichts des Übels charakterisieren: er ist nicht nicht nur überflüssig, sondern auch Zeichen von Undank. Weil du also einen solchen Freund gehabt hast, ist die Investition in eure Freundschaft nun verloren? In so vielen Jahren ist bei all der Nähe eurer Lebenswege, bei all den auf Vertrauen basierenden gemeinsamen Schritten nichts herausgekommen? Mit deinem Freund beerdigst du auch eure Freundschaft? Warum empfindest du Schmerz darüber, dass du ihn verloren hast, wenn es nutzlos ist, ihn gehabt zu haben? Glaub mir: ein Großteil derer, die wir liebten, bleibt bei uns, auch wenn sie uns der blinde Zufall weggenommen hat. Uns gehört die Zeit, die an uns vorübergegangen ist, und nichts befindet sich an einem geschützteren Ort als das, was war.

(5) Undankbar gegenüber dem, was wir erfahren haben, sind wir aus Hoffnung auf Zukünftiges, als ob das, was in der Zukunft liegt, wenn es uns einmal zugestoßen ist, schnell ins Vergangene überginge. Zu knapp setzt derjenige die Erträge fest, den nur das Gegenwärtige glücklich macht. Sowohl Zukünftiges als auch Vergangenes erfreut. Ersteres durch Erwartung, letzteres durch Erinnerung. Aber das eine ist ungewiss, und es besteht die Möglichkeit, dass es nicht eintritt; beim anderen besteht nicht die Möglichkeit, dass es nicht eintritt. Wie verrückt kann man also sein und das Sicherste aufgeben? Lasst uns in dem Trost finden, was wir bereits ausgeschöpft haben; es bleibt nur zu hoffen, dass wir es nicht mit einem durchlöcherten Geist ausschöpfen wollten, der alles, womit man ihn angefüllt hatte, auch direkt wieder abgibt.

(24) Seine Vertrauten zu vergessen und die Erinnerung an sie mit ihren Leichen aufzugeben, sie ausgiebig zu beweinen, aber nur spärlich an sie zu denken, ist Zeichen von Unmenschlichkeit. So lieben Vögel, so lieben wilde Tiere ihre Gefährten: Ihre Liebe ist heftig, beinahe rasend, dann aber wird sie zusam-

men mit den Verlorenen restlos ausgelöscht. Das passt nicht zu einem klugen Menschen. Er soll sich weiterhin erinnern, soll aufhören zu trauern.

Rückschluss: Genieße die gemeinsame Lebenszeit!

Ad Marciam de consolatione 10,3–4:

(3) All unsere Angehörigen – sowohl die, von denen wir uns wünschen, dass sie länger leben als wir, weil sie deutlich später geboren wurden, als auch diejenigen, deren völlig berechtigter Wunsch es ist, uns im Tod voranzugehen – müssen wir so lieben, als ob uns für sie kein beständiges, ja nicht einmal ein langandauerndes Leben versprochen ist. Oft muss man sich ermahnen, dass man so liebt, als würde das Geliebte bald verschwinden, nein, als würde es uns gerade in diesem Moment entzogen: Alles, was das Schicksal dir gegeben hat, besitzt du quasi ohne Garantie.

(4) Los, macht einen Überfall auf eure Kinder: stopft eure Taschen mit schönen gemeinsamen Erlebnissen voll! Widmet euch intensiv euren Kindern, damit sie sich ihrerseits an euch erfreuen können, und nehmt – unverzüglich und bis zum letzten Tropfen – jeden erdenklichen Glücksmoment in euch auf! Nichts, was heute Nacht geschieht, ist uns fest zugesichert – ach was, ich habe schon einen zu großen Aufschub gewährt! –, nichts, was in dieser Stunde geschieht, ist fest zugesichert. Wir müssen uns beeilen: Den Atem des Feinds spüren wir im Nacken! Bald wird diese Clique da zersprengt, bald diese enge Freundschaft unter lautem Geschrei ein Ende finden. Räuber, wohin man blickt! Ihr Armseligen versteht nicht, wie man auf der Flucht zu leben hat!

Literaturhinweise

Der Übersetzung liegen die kritischen Oxford-Ausgaben von L. D. Reynolds zugrunde:

L. Annaei Senecae Dialogorum libri duodecim. Recogn. brevique adnot. critica instr. L. D. Reynolds. Oxford: Clarendon, 1977.

L. Annaei Senecae Ad Lucilium Epistulae Morales. 2 Bde. Oxford: Oxford University Press, 1965.

Zweisprachige Seneca-Ausgaben bei Reclam, Auswahl:

De brevitate vitae / Von der Kürze des Lebens. Lat./Dt. Hrsg. und übers. von M. Giebel. Stuttgart 2013. [Reclams Universal-Bibliothek. 18545]

De ira / Über die Wut. Lat./Dt. Hrsg. und übers. von J. Wildberger. Stuttgart 2007. [Reclams Universal-Bibliothek. 18456]

De otio / Über die Muße. De providentia / Über die Vorsehung. Lat./Dt. Hrsg. und übers. von G. Krüger. Stuttgart 1996. [Reclams Universal-Bibliothek. 9610]

De tranquillitate animi / Über die Ausgeglichenheit der Seele. Lat./Dt. Hrsg. und übers. von H. Gunermann. Stuttgart 1995. [Reclams Universal-Bibliothek. 1846]

Epistulae morales ad Lucilium / Briefe an Lucilius über Ethik: Einzelausgaben in der Universal-Bibliothek, hrsg. und übers. von H. Gunermann, F. Loretto und R. Rauthe.